60에 40대로 보이는 사람
80대로 보이는 사람

60부터는 외모에서 모든 것이 드러나게 되어 있다

60에
40대로 보이는 사람
80대로 보이는 사람

와다 히데키 지음 | 김정환 옮김

센시오

"나이가 들어서 죽는 게 아니다.
(마음이) 죽는 순간 나이 들기 시작한다."

On ne meurt pas de viellesse, on vieillit de mourir.

- 장 폴 사르트르

60부터는
속보다 겉이 중요하다

✦ 60부터는 외모를 바꿔야 산다!

누군가 당신에게 나이가 몇이냐고 물어본다. 내심 어떤 마음이 드는가?

'내 나이를 말하면 놀라겠지? 겉으로는 절대 그렇게 안 보일 테니⋯.' 자신만만한가?

'아⋯, 어딘지 창피하다. 노안이라고 놀리진 않을까?' 걱정되는가?

그렇다. 겉모습이 곧 명함이 되어 버리는 나이가 되었다. 바로 60이다.

이 책을 집은 당신은 아직 60이 되지 않았을 수도 있고, 그 나이를 훌쩍 넘겼을 수도 있다. 그러나 내 말의 의미를 알 것이다.

60부터는 겉모습이 모든 것을 말해 준다. 이르면 40부터 시작되는 현상이다.

가령 당신이 "제 나이는 육십입니다."라고 대답했다 치자. 상대방이 "네? 육십이라고요? 전혀 그렇게는 안 보이세요." 혹은 "와! 나이보다 훨씬 젊어 보이시네요."하고 반응하면 기분이 확 좋아진다. 어느 정도 인사치레라는 걸 알아도 기쁘기는 마찬가지다.

요컨대 60부터는 이런 말을 듣느냐 마느냐가 '삶의 의미와 보람'을 크게 좌우한다.

50대까지는 사회적 지위, 성공, 가족의 화목, 자녀의 성취 등이 인생의 중요한 목표였다. 그런데 직장도 자녀도 품에서 떠나는 60부터는 그런 건 아무 소용이 없다. 내가 어떤 몸과 뇌를 갖고 어떻게 남은 생을 살아가느냐가 가장 중요하다. 남보다 젊고 즐겁게 잘살아야 하고, 그것이 겉모습에 그대로 드러난다. 60부터는 그러니까 다시 자력으로 승부하는 원맨쇼가 시작되는 셈이다.

노년에는 무엇보다 외모가 젊어 보여야, 남들에게 인정받는다. 단순히 예쁘고 잘생겨 보여야 한다는 이야기가 아니다. 자연스러우면서 지적이고 매력적인 나만의 요소가 있어야 한다는 이야기다. 그렇게 된다면 남은 인생을 보다 활력있고 건강하고 유쾌하게 살 수 있다.

✦과거에는 파파노인이었던 오늘날의 60대

누구나 나이보다 젊어 보인다는 말을 들으면 기분이 좋다. 특히 한국이나 일본 등 동아시아에서는 나이에 따라붙는 이미지가 고착되어 있는 경향이 있다. 그래서인지 노인에 대한 선입견이 분명하다. 법적·제도적으로 65세부터 '고령자'로 분류된다.

그런데 고령자라고 하면 어떤 느낌이 드는가?

남성이라면 머리가 벗어지고 말라서 기력이 없는 할아버지, 여성이라면 백발에 주름이 가득하고 허리가 구부정한 할머니…. 고령자에 대한 이미지는 대부분 이렇지 않을까 싶다. 자기는 여전히 혈기 왕성하다고 생각하는데, 사람들이 이런 시선으로 바라본다면 견딜 수 없이 괴로울 것이다.

1969년부터 시작해 지금까지도 방영되는 일본 국민 애니메이션 '사자에 상'에서 집안 가장이 바로 그런 전형적인 고령자 이미지다. 누구라도 할아버지라고 부를 외모다. 그런데 작중 그의 나이는 54세에 불과하다. 원작 4컷 만화가 연재되던 1947년 기준으로는 54세가 노인이었기 때문이다. 지금으로 치면 그의 외모는 어딜 봐도 70대다.

전 세계 어디서나 '외모 나이'가 젊어지는 흐름이다. 할리우드 배우 케이트 블란쳇, 제니퍼 애니스톤 등은 아무리 봐도 노인이라 할 수 없다. 동년배인 한국 배우 엄정화, 최화정 등도 마찬가지다. 이들뿐만 아니라 60이나 70, 아니 90대에도 젊고 의욕 넘치게 사는 이들이 많다. 과거라면 노인으로 분류되었지만, 현재는 전혀 다른 삶을 산다. 젊은 사람들도 이렇게 활력 있는 노년을 보내는 사람들을 로망으로 생각하며 동경하는 모습을 자주 볼 수 있다.

✦ 60부터는 어떻게 사는 것이 지혜로운가?

60세를 넘기면 같은 나이임에도 젊어 보이는 사람과 그렇지 않은 사람의 차이가 크게 벌어진다. 특히 오랫동안 고령자 의료에 몸담아 온 나는 외모의 격차를 종종 실감했는데, 젊어 보이는 사람은 실제 나이보다 10년은 물론이고 20년 정도 젊어 보이는 경우도 드물지 않았다. 의료 현장에 있으면 '같은 나이인데 이렇게까지 외모가 다를 수 있단 말인가?'라며 놀라는 일이 적지 않다.

외모 나이가 젊어진 이유 중 하나는 영양 상태가 좋아졌기 때문이다. 최근 영양 상태가 향상됨에 따라 평균 수명이 대폭 증가했다.

고도 경제 성장이 시작된 1955년 당시 일본인 평균 수명은 남성 63.60(한국 50.0)세, 여성 67.75(한국 54.1)세에 불과했다. 그랬던 것이 2021년에는 남성 81.47(한국 80.6)세, 여성 87.57(한국 86.6)세로 증가했다.

그런데 60부터 노인이 되기 시작한다면 이렇게 오래 살 수 있을까? 요컨대 외모 나이가 실제보다 젊어 보이는 사람이 많아진 것은 당연한 현상이다.

외모 나이도 부쩍 젊어졌는데, 과거의 노인처럼 살 수는 없는 노릇이다. 지금의 60에게 유용한 '새로운 삶의 지침'이 필요하다. 노인이라는 사회적 '장벽'이 부과하는 이미지와 고정관념을 벗고, 자기만의 방식을 창조할 필요가 있다.

자녀나 손주를 위해 희생하는 노인, 고상한 취미를 소소히 누리며 조용히 순응하는 노인, 자기를 위한 지출을 아끼고 남에게 봉사하는 노인, 자기주장을 누르고 뒷방으로 물러앉은 노인…. 지금부터의 60은 이렇게 살 수 없다. 그런 결과, 삶의 마지막 10여 년을 침대 신세를 지며 치매나 노인 질환에 걸려 누군가의 보살핌을 받아야 하는 노인이 될 수는 없는 노릇이다.

그러려면 60부터 자기 삶에 대한 새로운 청사진을 세우고, 자기만의 목소리를 내며 살아야 한다.

✦지금부터 스무 살 젊어지는 라이프스타일로!

요즘 세상에서 실제 나이와 외모 나이가 비슷해 보이거나, 심지어 실제 나이보다도 외모 나이가 늙어 보이는 사람이 있다면 뭔가 건강상 문제가 있다는 뜻이 된다.

놀라운 사실은 대부분 섭생을 바꿈으로써 외모 나이를 부쩍 젊게 만들 수 있다는 것이다. 가령 얼굴에 주름이 가득한 것은 영양 불균형 때문일 공산이 크다. 식사만 바꿔도 얼굴 주름이 줄고, 그 결과 외모 나이가 확 젊어진다. 외모 나이를 젊게 하는 식습관과 건강 관리법에 대해서는 3장에서 자세히 알아볼 것이다.

외모 나이를 젊게 만드는 요소는 '섭생'만이 아니다. 얼굴만이 아니라 패션이나 액세서리, 시계, 자동차 등 몸에 두르고 차고 입고 모는 물건에 의해서도 외모 나이는 달라진다.

여성의 경우 화장법에 따라서도 크게 달라진다. 젊어 보이는 사람은 나이가 몇 살이든 화장이나 패션에 신경을 쓴다. 다시 말해 아름답고 싶은 욕망을 잃지 않는다.

40까지만 해도 맨얼굴이 예뻐서 화장을 옅게 하고 어느 정도 머리가 헝클어져도 그럭저럭 볼 만하다. 하지만 60부터는 전혀 그렇지 않다. 목이 늘어진 티셔츠를 입고 슬리퍼를 끌고 집밖에 나가면 영락없이 노숙자로 보인다.

남성은 어떤가? 근육이 빠져서 호리호리한 몸에 염색이라도 거르면 금세 초라해진다. 60은 노화의 경계 나이이기 때문에, 부쩍 그렇다. 반면 슈트를 깔끔하게 차려입고 당당하게 거리를 걷는 남성은 젊게 느껴진다. 외모 나이가 젊어 보이려면, 60부터는 각고의 노력이 필요한 것이다.

젊어 보이지만 채신없어 보이지 않고 우아하고 멋지게 보이는 60부터의 멋 부리기 법칙에 대해서는 2장에서 자세히 알아본다.

✦ 외모가 젊어 보이는
사람은 수명도 길다

60 이후의 삶에서 최고 에너지원은 '의욕'이다.

이 책은 '60부터 우리를 방해하는 여러 장벽을 뛰어넘는 법'을 정리했다.

나 자신이 28세부터 40여 년 가까이 노인 의학 분야에 몸담으면서 직접적으로 체득한 살아있는 조언들이다. 노인이 무엇을 계기로 부쩍 늙게 되고 어떻게 쇠약해져 고립되는지, 내가 생생하게 관찰하고 검증했기 때문이다.

외모 나이가 젊어 보이고 활력 있고 우아하게 살기 위해서는 잘 보이고 싶다는 '의욕'을 잃지 않는 것이 가장 중요하다. 불러주는 곳도 찾는 사람도 점차 없어지면, 꾸미고 아름답고자 하는 욕망도 줄어든다. 편하다는 이유로 아무렇게나 하고 살다 보면 금세 노인이 되고 만다.

40부터는 뇌 전두엽이 퇴화하고 성호르몬도 줄고 근육도 쪼그라든다. 그런 이유로 전반적인 의욕이 줄어든다. 이것을 방치하면, 60부터는 늙는 사람과 그렇지 않은 사람이 확연히 갈라진다.

1장에서는 60에 40처럼 보이는 사람의 비결을 하나하나 짚었다. 또한 4장에서는 꼰대가 되지 않기 위한 화술과 대화법, 5장에서는 스스로 지켜가는 나만의 청춘 라이프를 안내한다.

평균 수명이 늘어서 이제 '재수 없으면 100살까지 사는 시대'가 되었다. 60부터 늙기 시작하면 무려 40년을 뒷방 늙은이 취급을 당하며 굴욕적으로 살아야 한다.

반면 남보다 훨씬 건강하고 활기차게 사는 방법이 분명히 있다. 그러기 위해서는 세상이 주입하는 온갖 '노인에 관한 오해와 강요'의 실체를 제대로 알고, 자기만의 전략을 만들어야 한다.

삶의 황혼을 누구보다 알차고 보람 있게 보내기 위한 기초 체력을 만드는 게 60의 의무다. 60에 기초를 잘 쌓아야 남은 노년의 삶이 튼튼해진다. 모쪼록 이 책을 통해 당신만의 지혜를 만나는 기회가 되기를 바란다.

Contents

CHAPTER 02
60부터는
멋을 부릴수록 외모가 젊어진다

CHAPTER 03
60에 40대로 보이는
하루 식습관

CHAPTER 04
60부터는
품격 있는 태도가 전부다

CHAPTER 05

60부터는
젊어 보이는 사람이 수명도 길다

CHAPTER 01
60부터는
겉모습이 모든 것을 판가름한다

나이보다 훨씬 들어 보이는
사람들의 공통점

"○○○님?"

책상 위에 놓인 차트를 보니 1963년생.

60 초반으로 바로 직전에 검진한 고객과 생년이 같다. 그런데 진료실로 들어와 의자에 앉는 모습을 보곤 속으로 놀라

고 말았다.

앞의 고객은 걸어들어오는 모습부터 얼굴의 생기까지 50대, 더 선심 쓰면 40대 후반으로도 보였다. 그런데 이분은 구부정한 자세부터 얼굴 주름까지 영락없는 70대로 보인다.

동년배 사이에도 슬슬 '외모 나이' 차이가 나기 시작한다. 60 무렵부터 부쩍 체감하게 된다. 왜일까? 왜 이때부터 외모 나이 격차가 더욱 벌어지기 시작하는 것일까?

대체로 60을 넘기면서 같은 나이라도 '젊어 보이는 사람'과 '나이 들어 보이는 사람'이 갈라진다. 차이는 점점 벌어져 몇 년 지나는 사이, 서로 완전히 다른 길을 간다.

✦ ✦ ✦

나는 일본에서 고령자 문제가 심각해지기 이전부터, 노인 의료 분야에 몸담아 왔다. 30여 년이 흐르는 동안 직접 상담하고 치료한 분들뿐 아니라 병원에서 마주친 것까지 고려하면 수만 명의 환자는 족히 만났을 것이다. 그래서 같은 나이에도 확연한 외모 차이나 나는 분들을 보고 그 이유에 대해서 심각하게 생각하는 계기가 되었다.

나 역시 물경 60 중반이 되어 노화의 시그널들을 하루하루 실감하고 있다. 관찰자에서 이제 주인공이 되어, '어떻게 하면 젊고 활력 있게 살까?' 더욱 고민한다.

독자 여러분도 공감할 것이다. 오랜만에 고등학교 동창회에 나갔다. 그런데 어떤 녀석은 민망할 정도로 폭삭 늙어 보이고, 다른 녀석은 질투가 날 정도로 젊어 보인다. 그래서 웃지 못할 일도 생기곤 한다.

우리처럼 60 중반이면, 심하게 나이 들어 보이는 친구는 80 가까이 보이기까지 한다. 고등학생 은사 중 당시 20대였던 분이 있다면, 심지어 그 선생님보다 늙어 보인다. 슬픈 현실은 본인만 그 사실을 모른다는 점이다. 단체로 찍은 기념사진을 보고서, 그제야 자기가 너무 늙어 보여 충격을 받기도 한다.

✦ ✦ ✦

외모 나이가 부쩍 늙은 환자와 대화하다 보면 한결같은 공통점이 있다. 일단 영양이 불균형하다. 그중 특히 단백질 섭취가 현저히 부족하다. 단백질 부족은 겉모습 나이를 늙게 만드는 주요 요인 중 하나다.

주름이 유독 도드라져 보이거나 몸 전반이 뭔가 푸석해 보이는 60대 환자가 있다. 하루 세 끼 뭘 드시느냐 물어보면, 단백질이 현저히 부족한 걸 알 수 있다. 나이 들어 느끼한 음식 대신 담백한 채소 위주로 먹다 보면 단백질 섭취에 소홀해지기 때문이다.

그런데 단백질은 근육과 세포의 재료가 되므로 부족하면 곤란하다. 특히 나이 들수록 더욱 그렇다. 단백질을 먹지 않는 건 자진해서 '나 먼저 늙어 보일래요!' 하고 외치며, 노화 대열의 맨 앞에 서는 것과 다름없다. 섭생에 관해서는 3장에서 더 자세히 얘기할 것이다. 영양 상태는 외모 나이를 늙게 하는 핵심적 원인 중 하나다.

60부터 최고의 재산은 '이것'이다

60 무렵부터 외모 나이를 늙게 하는 원인 중 또 한 가지 핵심적인 것은 바로 '의욕 저하'다. 일상 전반에 활력이 떨어지면 부쩍 나이 들어 보인다.

언제까지나 젊고 활기차게 살고 싶다는 '의욕'만으로도 사람은 잘 늙지 않는다. 말인즉슨 정신이 육체를 지배한다는 것이다. 나이 들수록 이 말의 의미를 실감할 것이다.

◆ ◆ ◆

생각해 보자. 어느 쪽이 더 먼저 늙을까?

나이 들어서 이제 봐 줄 사람도 없고, 대충 살아도 된다고 생각하는 사람이 있다.

반면 죽는 순간까지 '내 힘으로' 건강하고 활력 있게, 더 나아가 우아하고 멋지게 살고 싶다고 생각하는 사람이 있다.

젊어 보이는 것도 좋지만, 무엇보다 핵심은 '나 자신을 사람답게 잘 유지하는 것'이다. 기계로 치면 기름치고 광내는 일이다. 그래야 남에게 의지하지 않는 노년을 보낼 수 있고, 언제까지고 자신 있고 기운차게 살아갈 수 있다.

다리 힘이 약해지지 않도록 하체 단련에 힘쓴다. 치매에 걸리지 않도록 머리 쓰는 골치 아픈 도전을 즐긴다. 집 앞 슈퍼에 갈 때에도 외모가 흐트러지지 않게 신경 쓴다.

나이 들었다는 것을 핑계로 목이 다 늘어진 실내복을 입고 바깥에 나간다. 귀찮다는 이유로 줄곧 소파에 앉아 TV만 본다. 편하게 채널만 돌리면 되는데 머리 쓰는 일 따위 이제

우선, 끼고 있는 마스크부터
벗어 던져라

코로나 팬데믹은 많은 노인들의 외모 나이를 순식간에 높여버린 계기가 되었다. 정부나 지자체에서 고령자에게 외출을 자제하고 자택에 머물도록 권장했다. 물론 고령자가 바이러스에 감염되면 중증화하거나 사망 위험도가 높았던 게 사실이다.

여기저기서 '외출하지 마라.'라는 메시지가 넘쳐났다. 실제로 노인들이 활동할 만한 외부 활동이 위축되면서, 실내에서 정적으로 생활하는 시간이 늘었다. 그 결과 근력 등 신체 기능이 저하되어서, 걷지 못하게 되거나 돌봄이 필요해지는 노인이 많아졌다.

나이가 들어서 몇 년, 아니 몇 개월만 걷기를 소홀히 하고 집에서만 생활하면 자연히 신체 기능이 현저히 떨어진다. 그런데 운동하려고 밖으로 나서면, '노인네가 왜 돌아다녀?' 하는 곱지 않은 시선이 쏟아진다. 이런 식의 동조 압박이 쏟아지면 극복하기가 쉽지 않다. 노인의 경우 특히 하체가 약해지면 더더욱 급격히 외모가 늘게 된다.

팬데믹 탓에 마스크를 쓰게 된 것도 외모 나이에 크게 영향을 주었다. 지금은 꽤 지난 이야기처럼 느껴지겠지만, '마기꾼'이라는 신조어가 나올 정도로 우리는 마스크 영향 아래 살았다. 마스크를 끼어 하관이 보이지 않아 예쁘고 멋진 줄 알았는데, 벗으니 완전히 달라서 '마스크 사기꾼'이라고 부른 것이다. 여전히 외모를 가릴 수 있어 마스크를 쓴다는 사람이 있을 정도다.

외모 나이가 들어 보인다고 생각하는 사람이라면, 여전히 마스크를 고집할지 모른다. 꽤 편리한 아이템이기 때문이다. 얼굴 절반을 가리면 늙어 보이는 부분도 가려진다. 눈 주변만 화장하는 여성, 면도를 하지 않는 남성 등 이색 풍경도 등장했다. 외모를 꾸미는 데 상대적으로 에너지를 덜 쓰게 된다.

젊은이 중에도 밖에 나가는 것을 꺼리고 집에서 배달 서비스 등을 이용하면서, 부쩍 외모에 신경 쓸 일이 줄었다는 경우가 많다.

자연히 체중이 늘거나 불필요한 군살이 붙어 스트레스를 받는다. 외모 포기자가 되면 젊었을 때부터 자기 관리에 소

홀해지고, 그 결과 외모 나이뿐 아니라 노화의 속도도 빨라
진다.

✦ ✦ ✦

'젊어 보이고 싶어', '외출할 때는 멋지게 차려입어야지', '나를 잘 가꾸고 싶다!' 등의 생각이 바로 의욕이다. 의욕이 사라지면, 그 순간부터 악순환은 시작된다. 화장을 안 하게 되고 면도를 건너뛰고 잘 차려입고자 하는 욕망도 사라진다. 이는 곧 '젊고 활력 있는 삶'에 대한 의욕 저하로 이어진다.

남에게 그럴듯하게 보이기 위해 꾸미라는 말이 아니다. 멋지게 보이고 싶다는 욕망은 곧 자신에 대한 애정이자 애착이다. 자신을 고귀하게 대접하는 마음이며, 인간으로서 존중받고 싶다는 욕구다.

이런 기초적인 욕구, 의욕이 사라지면, 외출하거나 사람들을 만나고 싶은 의욕까지도 사라진다.

나이가 들어 강제적 필요성도 사라지고 외부의 초청도 적어진다. 그럼 더더욱 밖으로 나갈 기회가 줄어든다. 그 결과 체력이 나빠진다. 뇌의 활력도 저하된다. 이렇듯 악순환에 접어들면, 외모 나이 역시 점점 늙어 갈 수밖에 없다.

이성에게 멋지게 보이려는
마음이 없어지는 순간 늙기 시작한다

이르면 40대부터 의욕 저하가 시작된다. 물론 개인차는 있다. 60, 70 심지어 90, 100세에도 의욕이 전혀 줄지 않는 사람도 있다. 그리고 그런 분들은 외모 나이도 젊어 보인다는 공통점이 있다.

포털에 '90세 현역'이라는 검색어를 넣어 보라. 80~90을 넘긴 나이에도 언제까지고 현역처럼 사회활동을 이어가는 이들의 사례가 많이 나온다. 활동이 활발한 만큼 체력이나 두뇌도 젊은이 못지않게 쌩쌩하다.

반면 40대부터 의욕이 현저히 줄어드는 사람도 많다. 50밖에 안 됐는데도 "에고, 삭신이야….' 하는 말을 달고 사는 사람도 있다. 이유가 무엇일까?

사회적 지위가 크게 영향을 미치는 것으로 보인다. 바로 성취와 관련이 있다. 회사원이나 공무원처럼 위계 조직 안에서 승진이 밀리기 시작한다. 조직을 박차고 다른 일을 찾기도 쉽지 않은 나이다. 그런데 조직 내에서 출세 가능성이 줄어들면, 어느새 포기하는 마음이 생겨난다. '이제 내 인생은 내려갈 일만 남았어.' 이런 생각 탓에 새로운 것에 도전할 의욕을 잃어버리게 된다.

✦ ✦ ✦

이성 혹은 누군가에 대한 연애 감정이 사그라드는 것 역시, 40대 무렵부터 의욕이 저하하는 큰 요인이다. 연애 감정이란 가슴이 뛰는 경험이다. '성취욕'이 삶의 중요한 엔진 중 하나라면, 다른 하나의 엔진은 '애정욕'이다. 사회적 관계 속에서 사랑받고 존중받고 이해받는 감정 역시 넓은 의미로는 애정욕에 포함된다.

애정욕 중 가장 으뜸은 좋아하는 상대를 향한 연애 감정이다. 아름다운 대상을 보고 느끼는 감탄, 같이 있고 싶고 애정을 주고받고 싶은 갈망 같은 것 말이다. 이성에 관한 관심만 말하는 게 아니다. 예술적 대상에 대한 탐미적 욕구, 젊고 발랄한 연예인을 좋아하는 팬심, 동물이나 식물을 아끼고 키우는 마음 등도 넓은 의미로는 애정욕에 포함될 것이다.

그중에서도 열렬한 사랑에 빠졌을 때와 같은 갈망은 아주 큰 삶의 의욕을 만들어낸다. 나이 들수록 젊어 보이는 사람일수록 '애인'이 있다는 공통점이 있다고 한다. 불륜을 장려

하는 게 아니다. 연애하는 것처럼 마음을 쏟을 대상이 있어야 한다는 말이다.

◆ ◆ ◆

이 책을 읽는 당신은 언제 마지막 연애를 했는지 기억나는가? 결혼 이후로 단 한 번도 연애해 본 적 없다면 매우 서글픈 노릇이다.

배우자가 연애 대상에서 제외될 이유도 없다. 부부가 한껏 차려입고 외출을 한 것이 언제였나? 결혼기념일이나 생일에 멋지게 차려입고 밖에서 약속하고 만나서 식사를 즐긴다. 그렇다면 둘은 연애하고 있다고 말할 수 있다. 평소와 달라 보이는 상대의 모습에 설레는 마음이 들 것이다. 그렇다면 적어도 그 순간은 연애하고 있는 셈이다.

그런데 독신인데도 아예 연애를 포기했다는 사람도 꽤 많다. 40, 50, 60…, 나이의 문제가 아니다. 70, 80이어도 연애를 포기하지 않는 이들이 있다. 좋아하는 상대가 있으면, 의욕과 체력을 유지하고 싶게 마련이다.

외모에는 얼굴만 해당하는 게 아니다. 비틀거리며 걷는 노인, 뱃살이 불룩하거나 팔뚝 살이 늘어진 노인은 매력이 없다. 그러므로 연애 대상에게 잘 보이려 부지런히 피트니스 센터나 요가 교실에 다닌다. 연애를 해서 의욕이 높아지면 온몸의 노화를 자연히 늦출 수 있게 되는 것이다.

영양 상태가 좋아지고 평균 연령도 높아진 요즘, 50이나 60대는 '연애 현역' 세대다. 70이나 80대, 90대도 얼마든지 연애를 할 수 있다. 아니, 우리는 모두 죽는 그 순간까지 열렬히 연애할 자격이 있다. 그러려면 몸과 외모를 더욱 매력적으로 보이기 위해 부단히 노력해야 한다.

이렇듯 애정욕을 통한 삶의 의욕을 높이면, 외모 나이를 낮추는 데 도움이 된다.

젊어지는 호르몬을 몸에서 솟아나게 하는 방법

연애나 성(性)에 대한 활발한 욕구가 남성 호르몬(안드로겐, 테스토스테론)이나 여성 호르몬(에스트로겐, 프로게스테론)을 활발히 분비한다는 사실은 일찍이 과학적으로 검증되었다.

남성이든 여성이든 나이를 먹을수록 성호르몬 분비가 줄

어든다. 시기의 차이는 있지만 누구에게나 공평하게 닥치는 일이다.

남성의 경우 남성 호르몬이 감소하면 근육이 잘 붙지 않게 되며, 기억력과 사고력도 저하된다. 따라서 의욕도 떨어지게 된다. 남성 호르몬이 감소하게 되면, 쇠약한 노인이 되는 조건을 점점 갖춰가게 되는 셈이다.

여성의 경우 성호르몬과 노화의 상관관계가 이미 널리 인식되어 있다. 폐경과 함께 찾아오는 여러 증세와 대처 방법 역시 사회적으로 많이 알려졌다.

그런데 의외로 남성의 성호르몬 감소로 인한 증세와 대처법은 잘 알려지지 않았다. 남성 호르몬이 극단적으로 줄어들면 남성 갱년기 장애가 찾아온다. 일명 LOH(Late-Onset Hypogonadism, 성선 기능 저하증) 증후군이다. 이르면 40대부터 찾아오는 것으로 알려져 있다.

대표적인 증상은 쉽게 피곤해지는 것이다. 기력이 부쩍 떨어지고 집중력도 약해진다. 짜증을 내고 쉽사리 우울해하며 성욕도 사라진다. 남성 호르몬을 보충하는 '호르몬 보충 요법'으로 개선할 수 있다. 요즘 들어 부쩍 이런 증세가 나타난다고 생각되면, 비뇨기과를 찾아서 남성 갱년기 장애인지 검사를 받아 보는 것도 좋은 방법이다. 그 결과 남성 호르몬이 감소했다는 진단이 나오면, 호르몬 보충 요법으로 비교적 간단히 해결할 수 있다.

그런데 놀라운 것은 대부분 남성 호르몬 부족 증세는 아주 간단한 방법으로 해결할 수 있다는 사실이다. 이성에 관한 관심을 품는 것, 심지어 에로틱한 영상이나 사진을 보는 것만으로 남성 호르몬 수치를 높일 수 있다.

✦ ✦ ✦

여성도 마찬가지다. 나이 들었다고 해서 무작정 성 관련 경험이나 상상력을 위축시키는 것은 성호르몬 감소라는 노화 과정에 전혀 도움이 되지 않는다. 오히려 이전보다 더 관심을 기울일 필요가 있다.

여성이든 남성이든, 성에 대한 관심을 꾸준히 유지하고 자극을 늦추지 않는 것이 신체 나이뿐 아니라 외모 나이를 젊게 유지하는 아주 간단한 방법이다. 에로틱한 이미지, 심지어 포르노물도 접함으로써 성적 활력을 지속시킨다. 어떻게 하면 성적으로 상대를 만족시킬지 탐구하고 관심을 두는 것도 중요하다. 이 모든 것이 성호르몬을 유지하는 데 도움이 되기 때문이다.

그런데 실상은 어떤가? 젊었을 때라면 모를까 나이 든 사람이 성관계나 에로물, 포르노를 언급하면 손가락질받는 사회 풍조다. 나이 든 사람이 에로물 같은 걸 보다가 들키기라도 하면 무슨 큰일이라도 난 것처럼 불쾌해한다. 대체 나이 드는 것과 성적 욕구 표현이 왜 부적절한 조합이 되어야 하는가? 오히려 몰래 질 나쁜 혹은 불법적인 통로로 욕구를 해소하려 하는 것이 더 나쁜 것 아닐까.

유럽 등 선진국은 노화에 따른 성호르몬 감소에 대처하기 위해 다양한 프로그램을 제공하기도 한다. 부부 클리닉 등도 활발하며 사회적 논의도 꾸준하다. 많은 나라에서 포르노와 매춘 등이 합법화되어 있다. 일본의 경우 소위 풍속문화라는 이름으로 변형되어 성 관련 콘텐츠가 공급되는 반면, 현행법으로는 포르노가 불법이다. 아이러니한 일이 아닐 수 없다. 성에 대한 관심이 음성화되는 이유라 할 수 있다.

✦ ✦ ✦

나이가 들었으니 성적 욕구를 무조건 눌러야 한다는 생각 역시 '나이 편향 사고'의 일종이다. 언제고 몸의 욕구에 솔직하게 반응하면서 살 필요가 있다. 나이가 들어 성호르몬이 감소하고 성적 욕구까지 줄어드는 것은 모두 '의욕'과 관련이 있기 때문이다.

성호르몬이 충분히 분비되면 의욕도 높아지고 근육과 뇌도 쇠약해지지 않는다. 그 결과 외모도 저절로 젊어진다. 아이도 다 컸고 이제는 성적 욕구 따위 무시해도 된다고 여기는 이들도 있다. 오히려 그런 데서 자유로워져 좋다는 사람도 있다. 나이 들면 금욕이 미덕이라고 주장하는 사람도 있다. 하지만 이 모두 남들보다 빨리 늙는 지름길이므로, 나는 절대 권하지 않는다.

남성이나 여성 모두 남성 호르몬이 분비되며, 이는 성욕을 높이는 핵심 작용을 하는 것으로 알려져 있다. 성적 긴장감과 관심을 늦추지 않을수록, 호르몬 분비 또한 활발해진다. 남녀 불문 연애 파트너가 없는 사람은 남성 호르몬 수치도 낮으며 그만큼 빨리 늙고 인지 관련 노화도 심화한다는 리포트도 이미 많이 나와 있다.

끊임없이 연애하는 것. 이것이야말로 외모 나이를 젊게 만드는 지름길이다.

누구나 매력적이게
될 수 있다

✦

누구라도 아름답고 매력적으로 보이기를 원한다. 요즘은 남성들도 예뻐 보이기 위해 노력하는 추세다.

남성들도 헤어스타일이나 옷차림에도 신경 쓸 뿐 아니라 피부 관리부터 시작해 여러 종류의 메이크업도 한다. 남성 화장품 시장은 계속 확장되는 양상이다.

이런 것을 보고 꼴사납다고 생각하는 이들도 있을지 모르나, 나는 절대 그렇지 않다고 생각한다. 아름다워지고자 하는 욕망이야말로 외모 나이가 젊어지는 대표적인 '의욕' 중 하나이기 때문이다.

50대인데 얼굴에 검버섯이 피어 있다? 그것만으로 할머니 할아버지처럼 보인다. 요즘은 기미나 검버섯을 없애주는 특수 화장품도 많이 개발되었고, 피부과에서 몇 번의 시술로 쉽게 없앨 수 있다. 검버섯만 없어도 얼굴이 10년은 젊어진다.

텔레비전이나 영화에 나오는 배우가 젊고 아름다워 보이는 건 대체로 본래 출중한 미모 덕택이리라. 그러나 메이크

주지 않던 분야를 스스로 새로이 개척한 선구자라고 할 수 있다. 미용 성형을 지망하는 젊고 유망한 의사들이 그런 미용 성형 선구자들로부터 교육받고 실전을 통해 실력을 키웠으리라. 그 후 독립해 개업함으로써 분야 확장에 이바지한 것이다.

일종의 암흑기가 끝나고 1990년대에 들어 대학 의학부에도 미용성형외과가 하나둘 개설되기 시작했다. 지금은 내가 졸업한 도쿄대학교 의학부에도 미용성형외과가 있다.

✦ ✦ ✦

오늘날 미용 성형은 21세기 들어 가장 성장률이 높은 의료 분야라고 해도 과언이 아니다. 비용 문턱도 크게 낮아졌다. 과거에는 의료비도 고액이고 보험도 일절 적용되지 않아서, 특정인들의 전유물이라 해도 과언이 아니었다.

하지만 요즘은 환자들도 많아지고 여러 환자에게 낮은 비용으로 시술하는 병원도 늘었다. 물론 저렴해졌다고 해도 한번 미용 성형을 받으려면 수십만 엔(수백만 원) 단위의 의료비가 든다.

단지 아름다워지기 위해 수백만 원 혹은 수천만 원을 쓰는 게 정당할까? 나는 어디까지나 자신의 선택이기에 정답은 없다고 본다. 다만 생각해 보기 바란다.

치아 임플란트 수술을 받으려면 하나당 수십만 원에서 수백만 원이 든다. 어떤 이들은 그런 것 하지 않아도 밥만 잘 먹으면 된다고 사치라고 할지 모른다. 하지만 실제 수술을 받고 나면 만족도가 꽤 높다. 요즘에는 건강 보험에도 포함되는 추세다. 50년 전 노인이 그 돈을 들여 치아를 재건한다고 하면 비웃음을 샀을 것이다. 먹을 것도 없는데 엉뚱한 데 돈을 낭비한다고 말이다. 그런데 지금은 전혀 그렇지 않다.

미용 성형에 대한 인식도 크게 바뀌고 있다고 생각한다. 젊은 외모를 유지하기 위한 비용이 과거만큼 서민이 감당 못할 큰 금액이 아니다. 외모가 젊어져서 맛보는 정신적 효과는 들인 비용의 값어치를 하고도 남는다.

수십만 원이면 받을 수 있는 보톡스 같은 시술도 있다. 보톨리누스균 독소를 주사하는 시술로 주름을 없애거나 얼굴이 작아 보이게 만드는 등 효과가 좋다. 다른 미용 성형 시술에 비해 가격도 저렴해서 젊은 여성들한테도 인기가 높다. 시술받고 싶은 사람은 받는 게 좋다는 게 나의 지론이다.

꾸미는 것보다
꾸미지 않는 게 더욱 부끄러운 것이다

60 전후로 가장 고민되는 게 뭐냐고 물으면, 의외로 머리 숱이라고 답하는 이들이 많다. 고민의 이유도 다양하다. 요는 머리숱 탓에 나이 들어 보인다는 것이다.

출산을 경험한 여성의 경우 갱년기를 지나면서 부쩍 머리숱이 적어진다. 두피가 늘어지면서 정수리에 있던 가마가 뒤로 처지고 뒷머리가 휑해 보인다. 그래서 그 부분에 펌을 하거나 컬을 넣어서 어떻게든 살려보려고 애쓴다. 듣기로는 뒷머리 보충을 위해 사용하는 부분 가발도 다양하게 나와 있다. 흑채 등 머리숱이 풍성해 보이는 여러 방법도 동원한다. 머리숱이 적어지는 것이 또다시 스트레스로 작용해 원형 탈모 등으로 이어지는 악순환이 반복되기도 한다.

남성의 경우 탈모가 큰 고민이다. 오로지 유전적 원인인 탈모는 뾰족한 치료법이 나와 있지 않은 상황이다. 이마 좌우를 경계로 좁혀오듯 빠지는 M자 탈모부터 정수리부터 빠지는 탈모 등 양상도 다양하다. 이르면 30대부터 시작되는데, 머리칼이 없으면 부쩍 나이 들어 보이게 된다.

✦ ✦ ✦

이렇듯 남성이든 여성이든, 머리칼 유무와 머리숱은 외모나이를 늦게 만드는 매우 중요한 요소다. 그러니 당연히 젊어 보이기 위해 가발을 쓰거나 머리카락을 심는 등의 노력을 한다. 나 역시 그런 모든 방법이 권장할 만하다고 아주 오래전부터 누누이 강조했다.

그런데 시중에는 여전히 가발을 놀림거리로 삼는 풍조가 팽배해 있다. 도대체 왜 그런지 이해하기 어려울 정도다.

문화적으로 머리칼은 아주 오래전부터 젊음과 풍요의 상징과도 같았다. 동양권에선 흑단처럼 매끈하고 풍성한 머리칼을 미인의 기준으로 삼았다. 서양에서는 남성도 풍성하고 탐스러운 머리칼을 표현한 가발을 즐겨 착용했다. 요즘에도 영국 법정에선 판사와 변호사가 말총머리로 만든 가발을 착용한다. 권위와 지혜를 상징한다고 한다. 2008년부턴 형사재판 외의 변호사는 착용 요건이 없어졌다지만, 여전한 진풍경이다.

✦ ✦ ✦

그런데 몇몇 나라에선 젊게 보이기 위해 '가발'을 동원하는 게 반칙이라고 인식되는 문화가 남아 있다. 성형과 마찬가지로 뒤에서 수군대거나 심지어 대놓고 비웃는 일도 여전하다. 일본에서는 아침 방송 사회를 맡았던 아나운서가 젊어 보이는 것이 가발 때문이라는 뒷얘기가 퍼져서 좌중이 시끄러웠다. 그런데 왜 가발이 놀림거리가 되어야 하는가?

이렇듯 가발을 업신여기는 문화 탓에 '가발을 써 볼까?' 생각했다가도 동조 압력을 이겨내지 못하고 포기하는 이들이 많다. 모발이식을 택할 때도 처음부터 풍성하게 심지 않고 단계적으로 늘려서 주변 사람이 눈치채지 못하게 한다는 얘기까지 있다. 주변 사람의 눈을 과도하게 의식하는 분위기, 외모를 두고 품평하고 험담하는 분위기 탓이다.

상황을 바꾸어 만약 항암 등의 이유로 머리칼이 빠졌다면 어떻게 대할까? 그때도 머리칼이 없다고 혹은 가발을 썼다고 대놓고 놀릴까? 그렇지 않을 것이다. 누구도 머리칼이 빠지도록 선택하지 않았다. 질병, 노화 등 외부적 요인으로 본인도 원하지 않던 상황이 된 것뿐이다. 그런 것을 갖고 놀리는 일은 장애를 비웃는 것만큼이나 크게 부끄럽고 사회적으로 용인되지 않는 문화가 되어야 한다고 생각한다.

가발을 쓰거나 모발이식을 받았다면 당당하게 굴자. 시선

따위 뭐가 중요한가? 내가 만족하고 거리낌 없으면 된다. 누군가 놀리는 사람이 있으면 답하자. "아, 이거요? 가발입니다!" 모두가 당당하게 가발을 쓴다면 가발을 놀림거리로 삼는 문화도 사라지지 않을까?

빈약한 머리칼을 감추려고 모자를 즐겨 쓰는 이들도 있다. 발랄한 스포츠 모자라면 모를까 대개 연령대가 있는 사람이 모자를 쓰면 오히려 부쩍 늙어 보이는 경우가 많다. 감추려 하면 더욱 도드라져 보이고 티가 나 어색하다.

외모 나이를 젊게 유지하기 위해 모발이식을 받거나 가발을 쓰는 일에 주저하지 말자. 사회적 비웃음에도 당당하게 대처하자. 그러면 자연스레 젊어 보이는 당신의 모습에 사람들이 익숙해지게 될 것이다.

출세하지 않는 게
훨씬 더 젊어 보인다

의사 세계에서는 신기한 불문율이 있다.

'젊은 나이에 교수가 된 사람일수록 실제 나이보다 늙어 보인다!'라는 법칙이다. 50 전후, 이르면 40대에 교수가 된 사람은 그 후론 급속도로 외모가 늙게 된다. 대체 왜 그런 것일까?

대학병원에서 교수가 된다는 것은 수많은 의사를 휘하에 둔다는 말이다. 심지어 자기보다 나이가 많은 의사를 지도하게 되는 일도 있다. 베테랑 의사까지도 아랫사람 대하듯 하다 보면, 어느새 권위 의식이 더께처럼 내려앉는다. 그 무게 탓일까? 점점 더 근엄하고 거리감 있는 존재가 되기 십상이다. 시간이 흐를수록 실제 나이보다 늙어 보이게 되는 이유다.

✦ ✦ ✦

사회적 지위가 높은 사람은 특징이 있다. 웃을 일이 줄어든다. 채신없다는 소리를 들으면 안 되니, 표정은 늘 진지하다. 그런데 웃을 때 쓰는 볼 근육을 사용하지 않아 퇴화하게 되면, 입 모양이 어색하게 경직된다. 평소 표정에서 입 모양이 ∪자에 가깝게 온화해야 하는데, ∩자로 퉁명스럽게 바뀐다.

연예인이 젊어 보이는 데에는 표정도 일조한다. 그들은 환한 미소를 짓는 얼굴 표정을 유지하기 위해 끝없이 연습하기 때문이다. 볼 근육이 유연해서 다채로운 표정을 짓게 되고, 설령 약간 주름이 있다 해도 환한 표정 덕에 한결 젊어 보인다.

✦ ✦ ✦

출세하면 늙어 보인다는 법칙은 일반 기업에서도 통용된다. 40대에 일찌감치 사장이 된 경우, 실제로 시간이 흐를수록 또래보다 훨씬 늙어 보인다는 느낌을 받는다. 고달픈 경영 환경에 찌들어서일까? 그런 것만은 아닌 듯하다. 사회적 지위가 높은 이들이 자신을 표현하고 소통하는 방식과 관련 있지 않을까 생각한다.

미국 스타트업이나 IT 기업 등에서는 사장에게 극도의 존칭을 하며 굽신거리는 문화가 없다. 애플 창업자인 스티브 잡스나 마이크로소프트 창업자 빌 게이츠 등도 사내에서는 스티브나 빌 등 이름으로 부른다. 스티브 잡스는 비록 췌장암으로 일찍이 세상을 떠났지만, 투병 전까지 매우 젊어 보였다. 1955년생인 빌 게이츠는 지금 거의 70이지만 실제 나이보다 훨씬 젊어 보인다. 둘 다 20~30대에 회사를 차리고 사장이 되었지만, 그 탓에 또래보다 늙어 보이는 일은 없다.

학문 세계의 양상도 비슷하지 않은가 생각한다. 미국 대학의 의학이나 공학 계열에선 30세 전후에 정교수가 되는 사례가 드물지 않다. 교수 직함을 달면 자금도 쉽게 모을 수 있기에, 젊은 나이에 교수가 되려는 학자가 많다. 이들에게 교수가 되는 것은 연구의 출발선이자 원동력인 셈이다.

그런데 안타깝게도 일본에선 많은 경우 교수가 종착역이 된다. 교수 되기 전에는 논문도 열심히 쓰고 연구도 부지런히 하던 사람이 일단 교수가 되면 아랫사람한테 맡기고 뒤로 물러앉는 일이 비일비재하다. 아무것도 하지 않아도 지위가 보장되기 때문일까? 의욕과 열정이 줄고 지위와 위치를 활용할 기회가 많아지면, 부쩍 늙어 보이게 되는 것은 아닐까?

일본은 노벨상을 받은 학자가 꽤 여럿이다. 이들 다수에게는 노벨상 역시 종착역이 되기도 한다. 그런데 유도만능 줄기세포(iPS, induced Pluripotent Stem cell)를 연구한 공적으로 2011년에 울프상 의학 부문, 2012년 노벨 생리의학상을 받은 야마나카 신야(山中伸弥, 1962년생)는 평생 현업을 선언했다. 교토대학교에서 재생의학 교수 자리와 iPS 세포연구소 소장직을 제안했지만, 과감히 물리쳤다. 남은 인생을 평생 연구에 전념하는 데 바치겠다고 선언한 것이다. 그런 그의 외모 나이는 여전히 청년처럼 보인다.

60대, 뭐든 시작하기에
딱 좋은 나이

✧

개인적인 견해지만, 외모 나이가 늙어 보이는 이유 중 하나는 '정신 연령(mental age)'과도 관련이 있지 않을까 생각한다.

요컨대 지적 장애나 학습 장애 등 발달 장애로 구분되는 수준이 아니라, 통상적으로 말하는 정신 연령 말이다. 당신의 정신 연령은 실제 나이에 비해 어린가? 아니면 훨씬 더 늙었는가? 생각해 볼 대목이다.

앞서 교수나 사장이 되면 또래보다 부쩍 늙어 보이게 된다고 했다. 그 원인이 바로 정신 연령이라고 생각한다. 소위 출세를 해서 지위가 올라가면, 정신 연령도 단번에 상승한다. 직함에 따라붙는 쓸데없는 이미지가 빠르게 몸에 배게 된다. '내가 누구인데.', '사회적 지위와 체면이 있지.' 하고 스스로 자기 정신 연령을 높인다.

✦ ✦ ✦

일본의 경우 어른은 반드시 그에 걸맞은 정신 연령을 갖춰야 한다고 여기는 문화가 있다. 나이를 먹으면 그에 맞는 정신 연령이 되어야 한다고 생각한다.

그런데 나는 '정신 연령을 높여야 한다!'라는 강박이야말로 젊게 사는 데 방해가 된다고 생각한다. 은퇴한 뒤에는 고전 시를 읊거나 철학책을 읽어야 한다고 생각하는 이들이 있다. 서예, 다도, 수묵화 그리기 등 정적이고 단조로운 취미 활동을 해야 한다고 여기기도 한다.

그런데 만약 흥미도 관심도 없는 것이라면, 억지로 해선 의욕이 나지 않는다. 나이가 어떻든 그저 좋고 구미가 당기는 것을 취미로 삼으면 된다. 60에 암벽 클라이밍을 하지 말라는 법 없고 아이돌 춤을 추지 말라는 법도 없다. 정신 연령이 낮다는 손가락질은 오히려 칭찬으로 받아들여도 좋다는 말이다.

✦ ✦ ✦

흔히 정신 연령이 낮은 사람의 특징을 다음과 같이 꼽는다. 첫째, 감정이 쉽게 변화하며 과민하게 반응한다. 둘째, 충동적이고 즉흥적으로 결정하고 행동한다. 셋째, 자기중심적으로 생각하고 무책임하다. 넷째, 인내심이 부족하고 관심사가 쉽게 바뀐다.

60이 넘으면 은근히 이것과 반대로 행동하기를 강요한다. 감정을 표현해도 안 되고 하고 싶은 걸 과감히 선택해도 곤란하며, 남의 눈을 의식하지 않고 자기 하고 싶은 대로 하면 안 된다. 얼마나 숨 막히는 삶인가?

존경하는 도쿄대학교 은사 요로 다케시(養老孟司, 1937년생) 명예교수는 어렸을 때부터 곤충 채집이 취미였다. 80 중반이 된 지금도 여전히 산과 들을 뛰어다니며 곤충을 채집한다. 집안에 틀어박혀 고전 시를 읊조리지 않아도 충분히 멋진 삶을 살고 있다.

일본 식물학의 아버지로 불리는 마키노 도미타로(牧野富太郎, 1862년~1957년)는 평생 정규 교육을 받은 적이 없었다. 혼자 힘으로 자기가 좋아하는 식물 연구를 하다가 65세의 나이에야 학계의 인정을 받아 박사 학위를 받았다. 78세에 첫 식물도감을 출간했으며, 91세까지도 식물을 연구해 책을 썼다. 평생 현업으로 살며 산과 들을 헤매고 다녔던 소년과도 같은 정신 연령의 소유자였다.

◆ ◆ ◆

언제까지고 천진난만한 어린아이처럼 호기심을 품는 것은 외모 나이에도 크게 영향을 끼친다. 호기심이 사라지면 30이나 40에도 노인이 된다. 무언가에 열정을 갖고 끝없이 탐구하고자 하는 마음이야말로 정신 연령 낮은 이들의 특징이다. 그에게는 정신 연령이 진짜 나이가 되기 때문에, 나이는 무언가를 하지 말아야 하거나 주저해야 하는 핑계가 되지 않는다.

나이를 먹어도 호기심을 잃지 않는 사람을 '아이의 마음을 가진 어른'이라고 할 수 있다. 철부지라는 말과는 전혀 다르다. 내가 말하는 정신의 젊음은 철부지라는 의미가 아니다. 기분이 상했다고 갑자기 고함을 치며 화를 낸다면 철부지다. 성장하면서 몸에 익혀야 하는 윤리관이나 도덕관이 모자란 것 역시 정신의 젊음과는 관계가 없다.

나이가 들어 두뇌 전두엽이 노화되어, 이전보다 성격이 괴팍해져 화가 많아지는 노인도 있다. 지나치게 엄격한 윤리관으로 자기 기준이 확고한 데다 뇌의 노화까지 작용하면서 더욱 강퍅해진다. 그런 노인이 되기보다 주어진 상황을 관대하고 유연하게 바라볼 수 있는 정신 연령이 어린 노인이 되는 편이 훨씬 속 편하지 않을까?

출세를 내려놓은 사람이
얻을 수 있는 것

✧

우리 세대는 출세 경쟁에서 뒤처지지 않는 것을 목숨처럼 여기며 살았다.

그런데 일본 사회도 연공서열이라는 시스템이 붕괴한 지 오래다. 40이나 50에 출세의 길에서 떨려나는 일이 흔하다. 그런 이들 중 몇몇은 '여우와 신 포도의 우화'처럼, 이제 가질 수 없게 된 출세에 대해 돌연 해탈의 경지에 오르기도 한다. 이상과 현실이 주는 괴리에 쉽사리 적응하지 못한다.

'사회가 나를 버렸다면, 이젠 나만의 취미 세상에서 승자가 되리라!' 자아도취에 빠지기도 한다. 저마다 좋아하는 걸 찾으려 노력하지만, 현실은 녹록하지 않다. 자칫 속이 좁아

내과 전문의 히노하라 시게아키(日野原重明, 1911년~2017년)는 임종 몇 달 전까지도 하루 최대 18시간 환자 진료를 할 정도로 왕성하게 활동했다.

내가 일하는 니혼대학교에서 고문을 맡고 있는 미야우치 요시히코(宮内義彦, 1935년~)는 90세가 코앞이지만 전혀 그 나이로 보이지 않는다. 오릭스 금융그룹 CEO로 회사를 여러 번 위기에서 구원했고, 프로야구 구단 오릭스 버팔로스 구단주도 역임했다. 2021년까지 무려 33시즌 동안 구단주를 맡은 최연장자 구단주이기도 하다.

이렇듯 외모 나이가 젊어 보이고 지속적이고 왕성한 의욕을 발휘한 사람일수록 장수하는 특성을 보인다. 사회활동을 지속하고 절제와 규칙적 습관 등 저마다의 패턴을 유지한다. 장수 유전자를 타고나기도 했겠지만, 끊임없는 열정, 그리고 건강하고 생기있게 살려는 노력이 복합적으로 빚어낸 결과다.

✦ ✦ ✦

희망적인 것은 우리 모두 외모 나이를 젊게 하려 노력함으로써, 건강하게 더 오래 살 수 있다는 사실이다. 누구도 예외는 없다. 사고 없이 무병장수하는 것도 복이지만, 언제가 됐든 사는 동안까지 건강하고 활력 있게 지내는 것도 중요하다.

그런데 현실은 어떤가? 고령자한테 운전면허를 몰수해 이동의 자유를 빼앗으려 한다. 코로나 팬데믹 동안 3년 가까이 고령자를 집에 묶어두었다. 나이가 들도록 도리어 부채질하는 셈이다. 성형이나 가발 등으로 젊어지고자 노력하는 이들을 태연하게 놀림거리로 삼기도 한다.

노인을 더욱 늙게 만드는 원흉은 세상의 여론이다. 이런 식으로 여론이 흘러가도록 방치하면 노인은 더욱 고립되고 쇠약해질 수밖에 없다. 노인 운전자가 사고를 내면 언론은 평소보다 더 호들갑을 떤다. 그런데 통계적으로 보면 젊은 사람이 더 많이 사고를 낼까, 노인이 더 빈번하게 사고를 낼까? 누구나 실수를 하지만 노인 운전자에게 유독 혹독하다. '노인=무능력자'라는 도식은 전혀 바람직하지 않다.

노인들이 더 젊고 건강하고 활력 있게 지낸다면, 지금 젊은이들의 미래를 위해서도 좋은 일이다. 그런데도 정부 정책이나 언론은 괜스레 세대 갈등을 부추기려 하는 경향이 있다.

＊＊＊

일본은 2040년 무렵이면 65세 이상 고령 인구가 약 4천만 명에 이를 것으로 전망된다. 이 중 돌봄이 필요한 인구는 약 30퍼센트에 이를 걸로 보인다(한국은 2024년 7월 65세 이상 인구가 1천만 명을 넘어섰다).

좀 더 일찍 대책을 마련한다면, 돌봄이 필요한 고령자를 훨씬 더 줄일 수 있다. 그렇게만 된다면, 국가의 비용 부담이나 자녀들의 고생도 훨씬 줄일 수 있다. 노인이 스스로 활기차게 살려면 사회적 여건이 도와주어야 한다.

노인이 젊고 건강해지면 경제적으로도 효과가 크다. 건강한 노년층은 노동력도 제공할 수 있고 소비도 왕성하게 하기 때문이다. 일본은 구인난이 심각해서, 노인을 어떻게든 노동시장에 끌어들이기 위해 노력하고 있다. 고령자도 생산과 소비에 적극적으로 참여함으로써, 경제를 원활히 돌아가게 하는 주역이 될 수 있다.

그런 세상은 어떻게 만들까? 답은 아주 간단하다.

노인이 더 젊어지면 된다. 나이 들어서도 얼마든지 젊게 살 수 있도록 제도와 정책을 정비해야 한다. 지금 전 세계는 고령화라는 공통의 과제에 직면해 있다. 몇몇 동남아와 남미

국가에서조차 몇십 년 내에 고령화가 진행될 것이다. 그런데도 정부 정책은 사후약방문에 불과하다.

연금 지급 시기를 늦추거나 의료비 자기 부담률을 높이는 것은 적극적 동기부여 정책이 될 수 없다. 고령자가 젊어지고 의욕을 잃지 않는 사회 시스템을 만들 궁리를 지금 당장 시작해야 한다.

한편으론 정부 정책만 기다릴 순 없는 노릇이다. 개인인 우리 역시 의욕을 잃지 않고, 노화를 늦추는 가장 효율적인 방법인 '외모 나이가 젊어지는 생활'을 지금 당장 시작해야 한다. 구체적인 방법을 차근차근 살펴보려 한다.

CHAPTER 02

60부터는
멋을 부릴수록 외모가 젊어진다

외모에 신경쓰지 않는 순간
늙기 시작한다

외모 나이가 젊어지려면, '멋을 부리는 일'을 게을리하지 말아야 한다.

언제 어디든 대충 집에서 입던 옷에 슬리퍼를 신고 나간다? 이렇듯 겉모습에 신경 쓰지 않는 나날이 반복되면, 어느새 펑퍼짐하게 늙어 버린 자신을 발견하게 된다.

멋 부린다는 건 뭘까? 다른 사람의 눈을 의식한다는 말이다. 예쁘고 멋지게 보이고 싶어 신경을 쓴다는 의미다. 다른 말로 하면 적당한 긴장감을 느낀다는 뜻이기도 하다. 자기 관리를 한다는 말이다.

청소를 게을리한 방, 설거짓거리가 쌓인 개수대, 찌든 때가 붙은 욕실…. 이런 상태를 방치하면 더욱 치우기가 싫어지고, 집에 대한 애정도 식는다. 낡고 보잘것없는 물건도 아끼며 반짝반짝 닦으면 더 오래 쓸 수 있다. 사람도 마찬가지다.

회사 다니던 사람들은 보통 그만두고 나면 좀처럼 슈트를 입을 기회가 없다.

비싸게 주고 산 옷라도 옷장 깊숙이 처박아두고, 외출할 때는 헐렁한 셔츠나 스웨터, 스웨트팬츠(일명 추리닝)만 입게 된다. 편하다는 이유에서다.

회사에 출근하는 것도 아닌데 차려입는 게 오히려 쑥스럽기도 하다. 그러나 길거리 사람들이 자기를 보고 있다는 긴장감까지 없어져서인지, 어느새 표정까지 느슨해져서 실제 나이보다 훨씬 늙어 보이는 경우가 많다.

나는 나이 먹을수록 가장 늙어 보이지 않는 옷차림은 단연코 '슈트'라고 생각한다. 남자든 여자든 마찬가지다. 할아버지라고 불리는 나이가 되어도 슈트를 입으면, 소위 평범한 할아버지로는 보이지 않는다. 외출할 때 옷을 잘 차려입을수록 젊어 보인다! 나이를 먹을수록 더욱 그렇다. 이것은 어떤 의미에서 '불변의 법칙'과도 같다.

✦ ✦ ✦

당신은 어떤가? 70, 80인데도 슈트를 깔끔하게 차려입고 당당하게 거리를 걷는 남성을 보면 멋져 보이지 않는가? 나는 정년퇴직해 회사에 가지 않아도, 양복을 자주 입는 사람일수록 더 젊게 보인다고 생각한다.

TV나 인터넷에서 내 모습을 본 사람들은 어떻게 생각할지 모른다. 하지만 이런 나도 어렸을 때부터 멋 부리는 걸 좋아했다. 그래서 돈이 생기면 옷을 사는 데 쓰곤 했다. 40 초반부터 베스트셀러 작가가 되면서, 주머니 사정이 넉넉했던 덕택도 있다.

당시에는 대학병원에서 일하지 않고 통신판매를 비롯해 다양한 분야에서 일종의 프리랜서로 일했기 때문에 수입이 안정적이진 않았다. 요컨대 돈이 생기면 '좋은 옷'을 사자는 방침이 있었다. 잘 입은 사람은 어디서든 대접받는다고 생각하기도 했다.

이탈리아 명품 브랜드 에르메네질도 제냐(Ermenegildo Zegna, 제냐)를 특히 좋아했다. 수백만 원을 호가하는 슈트를 주저없이 사 입곤 했다.

그런데 어느 때부터인가 부쩍 살이 쪄서 입지 못해 옷장에만 보관하게 되었다. 아깝기도 하지만 크게 유행을 타지도 않아서 언제든 다시 입을 수 있다고 생각했기 때문이다. 하지만 그런 날이 빨리 찾아오리라고는 기대하지 않았다. 즐겁게 사는 게 최고라는 주의라서 식습관에 크게 신경 쓰지 않았기 때문이다.

그런데 니혼대학교 상무이사로 취임이 결정된 다음, 혹시나 해서 다시 입어 봤다. 그랬더니 놀랍게도 딱 맞는 게 아닌가?

바야흐로 60이 넘었으니, 옷차림 방황을 끝내고 멋지고 우아해 보이는 슈트로 나 자신을 꾸미기로 했다.

스무 살 젊어 보이는
그 사람의 옷장에 있는 것

몇 년 전까지만 해도 통통한 체형이던 내가 젊어서 입던 슈트를 다시 입게 되었다. 무슨 일인가 싶을 것이다.

고백하자면 나는 사실 당뇨병 환자다. 다행히도 2형 당뇨병이어서 인슐린을 맞지 않으면 생명에 치명적인 상황은 아니다.

식도락 취미가 있는 나로서는 당뇨병 증상 중 하나인 체중 감소는 오히려 반가운 증세다. 에너지로 사용되는 혈당이 몸에 쌓이지 않고 오줌을 통해 배출되기 때문에 살이 빠지는 것이다. 그 결과 옛날에 입던 슈트를 다시 입을 수 있게 되었다.

내 책을 읽어 본 분이라면 알겠지만, 내가 당뇨병에 굴복해서 삶의 즐거움을 포기할 리 없다.

다른 사람이라면 두려워하겠지만 당뇨병의 양상을 잘 알고 있는 나로서는 오히려 반가운 측면이 있다. 당뇨병 때문에 살이 빠져서 전반적인 몸 상태가 이전보다 오히려 좋은 편이기 때문이다.

위험한 질병이라는 인식이 강하지만, 나는 '그 덕에 외모가 젊어진다면 불만이 없다.'라고 생각하며 그다지 심각하게 받아들이지 않는다.

이제껏 다른 책에서도 누누이 강조했듯이, 60을 넘으면 '자기가 살고 싶은 대로 사는 것'이 최고다. 혈당을 세밀하게 조절해서 85세까지 살 수 있다 해도, 먹고 싶은 걸 포기하거나 스스로에게 인슐린 주사를 놓으며 사는 내 모습은 상상이 안 간다. 그런 걸 포기한 나는 분명 그리 오래 살지 못할 것이다.

85세가 되기 전에 죽더라도, 죽기 직전까지 내가 살고 싶은 대로 살고 멋쟁이 노신사로 기억되고 싶다. 그러기에 인슐린은 포기해도 슈트는 포기할 수 없다.

✦ ✦ ✦

상무이사라는 직함을 맡은 이래, 출근할 때 종종 제냐 슈트를 입는다. 맞춤옷이라 지금 입어도 전혀 낡았다는 느낌이 없다. 당시 수백만 원을 주고 살 때 사치라고 손가락질한 사람도 있었다. 그러나 20년이 지난 지금까지도 꾸준히 입을 수 있으니까, 낭비는 아니라고 생각한다. 멋을 좋아하는 사람이라면 터무니없는 투자가 전혀 아니다.

좋은 슈트를 입어 본 사람이라면 내 말이 무슨 뜻인지 알 것이다. 좋은 슈트는 불편함이 없이 나를 착 감싸준다는 느낌이 든다. 원단뿐 아니라 바느질도 수려하다. 입은 것 같지 않다는 표현이 딱 맞다. 그뿐인가? 주위 사람의 시선이 달라진다.

지금 현역 직장인인 당신은 어디서 슈트를 사는가? 길거리 포스터에 붙은 초저가 신사복 창고 개방 세일 같은 데 혹하는가? TV 홈쇼핑에서 몇십만 원에 여러 벌 주는 저가 브랜드를 사는가? 만약 그렇다면 지금이라도 생각을 바꿔 먹기를 바란다.

아무리 불경기이고 실용성이 중요하다 해도, 비즈니스 세계에서는 저가 슈트를 입으면 무시하는 문화가 분명 존재한다. 누군가 무시해서가 아니라, 스스로 위축되기 십상이다. 매우 통속적이라고 생각할지 모르지만, 옷차림이야말로 그 사람의 값어치를 알리는 시그널이다. 슬프게도 나이 들수록 더욱 그렇다.

✦ ✦ ✦

모두가 제냐를 입어야 할 필요는 없다. 휴고보스나 폴 스미스, 그보다 조금 더 저렴한 브룩스브라더스 같은 브랜드도 상관없다. 시간을 들여 입어 보고 자신의 체형과 취향에 맞는 브랜드를 발견할 수 있다면 좋다. 요즘은 젊은 사람들이 운영하는 맞춤 양복점에서 비교적 합리적인 가격으로 좋은 슈트를 맞출 수 있다.

가장 중요한 것은 '더 멋지게 차려입고 싶다.'라는 마음가짐이다. 멋지게 차려입으면 기분도 좋아지고 의욕도 높아진다. 주머니 사정상 브랜드 슈트를 사는 게 도저히 무리라면, 넥타이라도 에르메스나 샤넬 등 고급 브랜드의 제품을 사 보는 것도 권한다.

은퇴했다고 달라질 이유가 없다. 회사원으로서의 전투복이 아닌 멋을 부리기 위해 더욱 슈트를 입어야 한다. 그런 상황에서 초저가 신사복 슈트는 어울리지 않는다.

좋은 슈트를 입고 좋은 넥타이를 매고, 어울린다면 좋은 모자를 쓰고 거리를 걸어 보라. 틀림없이 거리의 사람들도 '저 노신사, 멋있네.' 하고 생각할 것이다. 죽을 때까지 그런 모습으로 기억될 수 있다면, 바랄 나위가 없겠다.

집에 혼자 있을 때도
아무거나 입지 마라

나이가 들어 양복 대신 전통 의상으로 제대로 멋을 부리는 분들도 있다.

입기가 번거로운 탓에 자주 입지는 못하지만, 나도 외국에 갈 땐 종종 기모노를 입는다. 2008년에 내가 감독한 영화 '수험의 신데렐라(Cinderella Formula)'가 모나코 국제영화제에서 최우수 각본상 등 4개 부문 수상을 했을 때는 제냐의 턱시도를 입었다. 하지만 그 뒤로 해외 영화제에 참석할 때면 꼬박꼬박 기모노를 입었다.

부끄럽게도 기모노 입는 게 익숙하지 않아 아직은 턱시도나 슈트처럼 맵시 있게 입지 못한다. 그런데도 외국인들이 기모노 차림을 보곤 상당한 관심을 보이며 함께 사진을 찍고 싶어 한다. 나중에 찍힌 사진을 보면 영 어색하다는 느낌을 지울 수 없다. 기모노를 격식에 맞춰 입고 평소에서 즐겨 입어야 익숙해질 텐데, 아직은 남의 옷을 입은 느낌이다.

'감각의 제국' 등으로 유명한 영화감독 오시마 나기사(大島渚, 1932년~2013년)는 생전에 기모노 차림이 상징일 정도로 즐겨 입었다. 굉장히 잘 어울리기도 했다.

전통 의상일수록 평소에 자주 입고 또 격식에 맞게 갖춰 입어야 멋이 난다. 간혹 입기 편하게 개량해서 나온 전통 의상을 편하다는 이유로 입거나, 관광지 등에 가면 기모노인지 천 조각인지 모를 아무렇게나 만든 옷을 입기도 한다. 어린아이들은 그렇게 입어도 괜찮다. 하지만 나이가 들어 그런 옷을 입으면, 젊어 보이기는커녕 채신머리없어 보인다. 그렇게 입을 바에는 차라리 전통 의상을 입지 않는 편이 낫다.

하긴 서양에서 온 양복도 처음부터 익숙하진 않았을 것이다. 어설프게 따라 입어서 남의 옷을 얻어 입거나 유치하게 흉내 낸 듯 괴상해 보였을 수도 있다.

어떤 옷이든 평소 즐겨 입고 격식과 타이밍에 맞춰 입어 익숙해져야 한다. 평소 슈트를 자주 입지 않다가 갑자기 일이 생겨 차려입으면 뭔가 어색해 보인다. 멋이 나기는커녕 부랴부랴 급조했다는 느낌이 나기 십상이다. 오히려 더 촌스럽다는 느낌까지 든다. 멋을 부리고 싶다면 평소에 자주 입기를 바란다. 집에서 혼자 있을 때도 될 수 있으면 아무렇게나 입기보다, 자신에게 선물하는 기분으로 멋을 부리면 어떨까?

✦ ✦ ✦

소설가이자 수필가이며, 니혼대학교 이사장인 하야시 마리코(林真理子, 1954년생)만큼 기모노가 잘 어울리는 여성도 드물다. 기모노를 좋아하고 자주 입기에 굉장히 잘 어울린다.

졸업식이나 입학식 등 기념식에는 기모노를 입고 참석하는데, 매우 고급 기모노여서 더욱 돋보인다. 여성 기모노는 입는 법도 까다롭고 가격도 수천만 원을 호가하는 고급 제품이 많다. 그런 옷을 입는 만큼 헤어나 메이크업도 상당히 신경을 쓴다.

그래서인지 기모노를 입은 날 평소보다 훨씬 우아하고 아름다워 보인다. 젊어 보이는 것은 당연하다.

그녀는 멋을 위해 매년 기모노를 새로 맞춘다고 한다. 자기가 뭘 입었을 때 아름다워 보이는지 잘 안다. 그러기에 언제나 젊고 아름다워 보인다. 솔직히 외모가 매우 수려하거나 체형이 날씬한 것도 아니지만, 특유의 멋이 풍긴다. 나이가 지긋하기에 전통 의상이 훨씬 더 잘 어울리는 듯하다. 키가 아담하고 풍채도 있어 오히려 기모노가 그런 점을 보완해 주기도 한다.

좋은 전통 의상으로 멋을 부린 나이 지긋한 여성의 매력을 어필하는 것도 '외모 나이를 젊게 하는' 효과적인 방법이라고 생각한다.

유럽의 멋쟁이들이
나이 들수록 옷에 돈을 쓰는 이유

✧

유럽의 멋쟁이들을 보면 나이가 들수록 오히려 옷에 돈을 더 쓰는 경향이 있다.

그런데 나이 들면 옷에는 일절 돈을 쓰지 않는 이들도 많다. 핑계는 다양하다.

연금에 의존해 살아야 하는데, 빠듯한 예산에서 옷에 쓰는 돈이 아깝다고 생각한다. 돈을 자기한테 쓰기보다 자녀나 손주에게 쓰는 일도 많다. 나는 이런 모든 게 '외모 나이'를 늙게 하는 핵심적인 원인 중 하나라고 생각한다.

옷에는 돈을 쓰지 않는다는 사람일수록 패스트패션 브랜드를 찾는 경향이 있다. 일단 값이 엄청 저렴하기 때문이다. 패스트패션이란 최신 유행의 제품을 대량 생산해서 저렴한 가격으로 판매하는 브랜드를 말한다. 일본의 유니클로, 스웨

덴의 H&M, 스페인의 ZARA 등이 대표적이다. 이들 브랜드보다 훨씬 저렴하게 판매하는 데도 많다. 요즘에는 초저가 중국산 의류를 말도 안 되는 가격에 구매할 수도 있다.

✦ ✦ ✦

젊은 사람이라면 패스트패션을 입어도 크게 나빠 보이지 않는다. 그런데 60이나 70대라면? 소위 말해 없어 보일 뿐 아니라, 채신머리없다는 느낌까지 든다.

안타깝게도 '나이 먹어서 오래 입는다는 보장이 없으니 저렴한 패스트패션으로도 충분하다.'라는 인식을 가진 이들이 꽤 많은 듯하다. 나도 여행 갔을 때 당장 갈아입을 옷이 마땅치 않아서 종종 패스트패션 매장에 가곤 했다. 그런데 그곳에선 나와 비슷한 연배인데도 훨씬 나이 들어 보이고 궁핍해 보이는 이들을 보게 된다. 그럴 때마다 '역시 나이 먹을수록 좋은 옷을 입어야…' 하고 절감한다.

옷에 대한 가치관은 사람마다 다르다. 옷 같은 건 중요하지 않다고 여기는 이들도 많다.

하지만 나는 나이 먹으면 더 좋은 옷을 입어야 한다고 생각한다. 왜냐? 남은 인생이 얼마 되지 않기 때문이다. 젊었을 때는 얼마든지 값싸고 유행을 타는 옷을 입어도 된다. 나중에 좋은 옷을 입을 때가 올 테니까.

하지만 이제 나이가 들었으니, 기회는 그리 오래 남지 않았다. 더욱이 지금부터는 자기 겉모습에 더욱 책임을 져야 한다. 어느 때보다 옷차림에 신경을 써 멋을 부리며 즐겁게 살아야 할 때다.

오롯이 나를 위해
돈을 쓸 수 있는 유일한 시기

재밌게도 60이 넘어서 오히려 '이제 옷에 돈을 좀 써야겠어!' 하고 공감하는 이들이 많다. 젊었을 때는 옷에 돈을 들일 필요가 없다고 생각했던 이들조차 그렇다.

현재 30대라면 의류 쇼핑 경험이 패스트패션밖에 없는 이들도 많다. 거품 경제가 꺼진 뒤에 태어난 이들은 어렸을 때부터 아낌없이 돈을 써 본 기억이 별로 없다. 더군다나 '멋을 부리기 위해 돈을 쓴다.'라는 생각은 품기 힘들다. 그러니 앞으로 수십 년이 지나면 '거리에 나설 때는 좋은 옷을 차려입는 문화' 같은 게 사라져 버릴지도 모른다. 만약 그렇게 되면, 우리 자녀들은 우리보다 훨씬 더 빨리 늙게 되지 않을까 걱정된다.

안타깝게도 일본은 30년 이상 불황에서 벗어나지 못했다. 비단 일본만의 얘기가 아니다. 소위 선진국일수록 경제 성장률이 둔화하고 실질임금이 줄어드는 정체 시기가 찾아온다. 앞으로의 경제 상황도 낙관할 수 없으니, 허리띠를 졸라매고 절약해야 한다고 생각한다.

그러나 앞으로 경제가 어찌 되든 무슨 상관인가? 나는 나의 인생만 책임질 뿐이다. 수백 년 후 미래까지 걱정하며 우울하게 지낼 필요는 없다. 후손에게 이런 세상을 물려주는 것이 미안하긴 하지만, 그렇다고 내가 다 책임질 수 있는 노릇도 아니다.

우리 세대는 적어도 거품 경제 시대의 풍요로움에 대한 기억이 남아 있다. 실질적으로 경제적 여력도 어느 정도 된다. 그러니 외모를 좋게 만들기 위해, 옷에 조금 더 돈을 써도 괜찮지 않을까 생각한다. 그 편이 작금의 경제 현실에도 오히려 도움이 된다. 고령층이 주머니를 열어야 내수가 활성화된다.

◆ ◆ ◆

　지금의 일본 고령자들 간의 경제 격차는 의외로 그리 크지 않다. 물론 1990년대 말 대량 구조 조정 대상이 된 이들은 예외일 것이다. 하지만 대개 정년까지 일했다면 꽤 많은 급여를 받고 퇴직금도 두둑이 받았을 것이다. 기업 연금에다 복지 연금까지 받는다.

　그러므로 입으로는 다들 돈이 없다고 푸념하지만, 대체로 겸양일 뿐 실은 그다지 가난하지 않다. 실제 한 설문조사에서 고령자 중 절반이 "나는 경제적으로 넉넉하다."라고 답했다. 자녀도 독립하고 주택담보대출 상환도 끝났다면, 노후에 큰돈 쓸 데가 별로 없다.

　단 하나, 일본인들의 고질병은 자녀에게 물려줘야 한다는 강박이다. 이제껏 여러 책에서 누누이 강조했지만, '자기가 모은 돈은 어디까지나 자신만을 위해 써야 한다.' 자녀를 위해 남겨 둔다는 생각이 모든 재앙의 근원이다. 심지어 요즘에는 부모의 연금에 기대 일을 하지 않고 빌붙어 사는 자녀들도 많다. 그런 일은 미리 방지해야 한다. 그러기 위해서라도 자기를 위해 아낌없이 돈을 쓰기 바란다.

정년퇴직한 후엔 동료들과 회식할 일도 연회에 참석할 일도 줄어든다. 나이 먹으면 의외로 별로 돈 쓸 일이 없다. 디플레이션 경제인 일본에서는 집세와 휴대전화 요금을 제외하고 대략 100만 원만 있어도 최소한의 생활은 할 수 있다. 내 집이 있다면 집세도 필요 없다.

연금을 받아 월 50만~100만 원은 오롯이 자신을 위해 쓸 수 있다. 연간으로 계산하면 600~1,200만 원이다. 고급 옷을 사는 걸 꿈도 꾸지 못할 수준은 아니다.

젊었을 땐 아무리 너저분하게 입어도 이성에게 인기를 얻을 수 있다. 그런데 나이를 먹으면 그러기가 어렵다. 어느 정도 나이를 먹으면 패션 등 겉모습에 신경을 써야만 멋진 외모를 유지할 수 있다. 그래서 사람은 나이 먹을수록 좋은 물건에 욕심을 내는 것이다.

고단샤가 발행하는 〈남자의 일류품 대도감(男の一流品大図鑑)〉이라는 무크지가 있다. 주로 돈 많은 중·노년 남성이 대상인데, 거기 실린 제품 가격을 보면 입이 턱 벌어질 정도다. 어느 정도 나이 먹고 경제적 여력이 있다면, 갖고 싶어 할 물건들이다. 그런 물건은 젊은 사람에겐 어울리지 않는다. 소

위 일류품은 어느 정도 나이 먹은 사람이 착용했을 때 더욱
잘 어울린다.

돈은 건강할 때
써야 한다

✧

나이가 들면 여행, 음식 등에는 돈을 아끼지 말라고 권하
고 싶다. 거기다 조금 여유가 있다면 좋은 옷을 사는 데도 돈
을 쓸 것을 제안한다.

어떤 이들은 반문한다. "노후에 무슨 일이 생길지 모르는
데, 돈을 막 써도 될까요?"

누구도 몇 살까지 살지 예측할 수 없다. 그러므로 저축하
고 아껴야 한다고 생각한다. 늙어서 초라해지고 싶지 않기에
더욱 그렇다. 나이 들수록 돈 쓰는 게 무서워지는 건 바로 이
런 까닭이다.

그런 마음을 이해하지 못하는 바가 아니다. 더 나이가 들
면 돌봄을 받아야 하는 처지가 될지도 모르므로, 그때를 위
해 돈을 더 아껴야 한다고 생각하기 쉽다.

＋ ＋ ＋

그런데 진짜 몸이 약해져 침대 신세를 지고 요양 병원이나 요양원에 입원하면 어떻게 될까? 짐은 고작 작은 캐비닛 하나. 침대에서 일어나지 못하므로 돈을 쓸 일도 없어진다. 보험 혜택을 받을 수도 있고 식사나 오락에 돈이 들지 않아 오히려 돈 걱정이 사라진다. 심지어 휴대전화도 해지하는 경우가 많다. 요컨대 몸을 움직일 수 없게 되면, 돈 쓸 일 자체가 없어진다는 말이다.

그러니 돈은 몸을 움직일 수 있을 때 자신을 위해 써야 한다. 노후를 위해 모아 놓은 돈이 있다면, 자신의 기대 여명 절반이 지나기까지 거의 다 쓴다고 계획하는 것이 좋다. 자칫하면 제대로 써 보지도 못하고 침대 신세를 지게 될 수도 있다. 여행을 좋아한다면 몸이 건강할 때 열심히 다녀야 한다. 80만 되어도 여행하는 게 쉽지 않다.

요즘 지방 온천 등지에 가면 80 이상 노인은 반드시 보호자를 동반하라는 안내 문구가 쓰여 있다. 혼자서 욕탕에 들어가고 나올 수 없고, 자칫 낙상해서 크게 다칠 수도 있기 때문이다. 70대까지 아주 건강했던 이들도 80을 경계로 부쩍 몸이 쇠약해진다.

내 몸 하나 건사하기 힘들면 여행은 언감생심이다. 혼자 홀홀 떠날 수 없다면, '언젠가 여행하며 살리라!' 하는 맹세는 헛될 뿐이다. 그렇게 되기 전에 돈은 다 써 버리는 게 좋다. 외모 나이를 젊게 하기 위해 좋은 옷을 사 입는 것도 잊지 말아야 한다.

명품도 때로는
어른의 품격을 만든다

유럽에 가면 세련된 여성 노인을 종종 만난다. 그들이 입은 샤넬 정장이나 무심한 듯 걸쳐 맨 샤넬 가방이 그토록 어울릴 수가 없다.

일본에서는 유독 젊은 여성들 사이에 샤넬이 큰 인기를 끌던 시절이 있었다. 1990년대의 일이니, 꽤 오래되었다. 원조 교제나 풍속업소 등에 몸담더라도 값비싼 샤넬을 입고 드는 게 젊은 여성들 사이에 크게 유행했다 그들을 일컫는 '샤넬러(Chanel-er)'라는 애칭까지 있을 정도였다.

당시 십대나 20대 초반으로 보였던 여성의 인터뷰 내용이 지금도 기억난다.

"아줌마들이 샤넬을 들고 다니는 걸 보니, 샤넬이 울겠어요!" 그 여성의 눈으론 중년 이후엔 샤넬이 어울리지 않아 보였던 모양이다.

＋ ＋ ＋

그런데 실제로는 정반대다.

샤넬 같은 명품은 나이에 걸맞은 품격이 갖춰졌을 때 비로소 소지할 가치가 있다. 프랑스에는 "우아함이야말로 나이가 주는 선물"이라는 속담이 있다. 진정한 명품은 젊고 발랄한 아름다움보다는 연륜이 주는 품격 있는 우아함에 비로소 어울린다. 고급스러운 진주 목걸이나 중후한 보석도 어느 정도 나이를 먹은 여성에게 훨씬 잘 맞는다.

게다가 진짜 명품은 '자기 돈으로 살 수 있을 만큼 돈을 번 후에야' 비로소 살 수 있는 물건이다. 부모 재산이 많아서 혹은 애인한테 졸라서 받은 것으로 꾸민 젊은 여성의 명품은 뭔가 어색한 구석이 있다. 자기가 열심히 벌어 샀다고 해도 샤넬이 젊은이의 전유물인 것처럼 말하는 것은 이치에 맞지 않는다.

당시에 그 여성의 인터뷰를 보고 열을 올렸던 기억이 난다. 그때는 나도 젊었을 때지만, 그 말에는 찬성할 수 없었기 때문이다.

나도 모르게 화면을 향해 소리를 질렀다. "어른의 품격이라곤 없는 너희들이 들고 다니는 걸 보면, 샤넬이 정말 대성통곡할 거다!"

✦ ✦ ✦

샤넬 정장은 자기가 번 돈으로 그걸 살 능력이 있는 사람에게 어울린다. 유럽에선 인생의 중요한 시기마다 자신에게 샤넬 정장을 선물하는 이들도 많다. 몇십 년이 지나고 70, 80대가 되어도 꾸준히 입을 수 있기에, 사치가 아니다. 빈티지 샤넬 정장은 시간이 흘러도 값이 내려가지 않기도 한다.

게다가 샤넬은 그 사람에게 풍기는 교양과 품격과 어우러질 때 비로소 어울린다. 그렇지 않은 사람이 입으면 결코 멋져 보이지 않는다.

가방 역시 마찬가지다. 입은 옷이나 전반적으로 풍기는 세련미가 없으면, 남의 것을 빌린 듯 가방만 붕 떠 보인다. 샤넬 같은 전통을 가진 명품은 그런 특성이 있다.

소유하기만 해도
품격을 높이는 물건들

품격 있는 어른이 착용해야 할 중요한 아이템 중 하나는 시계다. 아무리 좋은 슈트를 입어도 싸구려 시계를 차고 있으면 어딘지 궁상맞아 보인다.

나는 시계가 딱 하나 있다. 30년 전쯤 소중한 분이 선물한 화이트골드 롤렉스다. 내 나이쯤 되면 금장 롤렉스를 많이 착용하는데, 나는 백금 쪽이 훨씬 좋다.

롤렉스는 세계적으로 최고급 시계로 꼽히지만, 시계 마니아라면 이보다 더 비싸고 품위 있는 브랜드 제품도 많이 갖고 있을 것이다. 하지만 시계에 아주 큰 흥미가 없는 나로서는 롤렉스가 딱 맞다.

오래 차기 위해서 시계를 완전히 분해해서 점검하고 세척해서 다시 조립하는 오버홀(overhaul)을 3년에 한 번씩 받고 있다. 그 덕에 지금도 신품과 다름없이 정확히 작동한다.

오버홀을 맡기면 일주일 정도 걸리는데, 그 사이에는 애플워치 같은 걸 착용하기도 하지만 시계가 돌아오면 영락없이 일편단심 롤렉스다. 아마도 큰 이변이 없다면, 내가 죽은 후에도 누군가 소중히 착용할 수 있을 것이다.

✦ ✦ ✦

롤렉스는 차고 있기만 해도 절로 품격이 생긴다. 매력적인 슈트의 완성은 롤렉스라고 할 만큼, 나 스스로 만족감도 크다. 심지어 청바지를 입거나 편한 면 티셔츠를 입어도 롤렉스를 차면 어딘지 귀티가 나는 듯해 좋다.

만약 돈에 조금 여유가 생겨서 '시계라도 하나 살까?' 하는 생각이 들었다면, 어중간한 제품 여럿을 사기보다는 고급품 하나를 살 것을 권한다.

가장 값비싼 상위 제품을 살 필요도 없다. 내게 어울리며 그다지 과시하는 느낌이 나지 않는다면 더 좋겠다. 소위 일점호화주의(一點豪華主義)라고 해서, 물건을 살 때 좋은 것을 하나씩만 사는 전략이다.

나이 들수록 세련되고 고급스러운 물건 하나에 투자하는 전략은 매우 유용하다. 그런 요소 하나하나가 멋진 외모를 완성하고 남보다 우아하고 세련된 모습을 연출한다. 예를 들어 내가 일점호화주의로 권하고 싶은 건 다음과 같은 것이다.

아르마니 화이트 셔츠, 질 샌더 검정 울 코트, 버버리 베이지 레인 코트…. 유행을 타지 않고 실용적이며 자기 체형에 맞는 단 하나씩의 명품을 구비한다. 요컨대 나이 들수록 꼭 입게 되는 핵심 의류 하나씩만 명품으로 장만하는 것이다.

또 하나의 요령은 나이 든 사람들이 천편일률적으로 입는 브랜드는 피하는 것이다. 그래서는 젊고 매력적으로 보이고자 하는 취지가 퇴색되고 만다.

화려한 옷을 자주 바꿔 입는 것보다 이런 좋은 물건을 오래 입는 쪽이 훨씬 경제적이다. 비싼 돈을 들이는 만큼 충동적으로 사기보다 신중하게 시간을 들여 고르면 좋겠다.

왜 모나코의 할아버지들은
페라리를 탈까?

✧

남성이든 여성이든, 60이 넘어서도 젊고 멋지게 보이고 싶다면 겉모습에 부쩍 신경 써야 한다. 멋을 부려도 좋고, 좋은 시계를 차도 좋고, 운전면허가 있다면 좋은 자동차를 모는 것도 도움이 된다.

일본은 고령자에게서 운전면허 몰수하기를 즐기는 나라다. 가학적이라 할 만큼 노인의 운전을 혐오하느라 난리다.

그러나 지금까지 썼던 책에서도 여러 차례 말했듯이, 나는 '고령자의 운전면허 자진 반납 문제'에 관해 일관되게 반대한다. 자세한 이야기는 5장에서 이어서 하겠다. 핵심은 면허를 반납하면, 오히려 노화가 더 빨리 진행되어 노인들이 쉽게 쇠약해진다는 것이다.

고령자에게 면허를 반납하라고 히스테리를 부리는 일본과 달리, 모나코에서는 고령자가 궁상맞기는커녕 젊은이들보다도 더 젊고 활기차고 멋지게 살아간다.

✦ ✦ ✦

나는 영화제 참석 등 여러 이유로 지금까지 모나코에 대여섯 차례 방문했다. 잘 알려지지 않았지만, 모나코는 세계에서도 평균 연령이 가장 높은 나라다. 평균 수명이 아니라, 평균 연령이다.

2022년 기준 평균 연령 순위 1위는 모나코(54.46세), 2위는 세인트헬레나(52.29세), 3위는 일본(48.75세)이다.

평균 연령이 높다는 말은 무슨 뜻일까? 저출산과 고령화가 한창 진행 중이라는 말이다. 모나코는 인구 3만 명에 불과한 세계에서 가장 작은 나라다. 하지만 GDP(국내총생산)는 세계 최고 수준이다. 관광과 도박으로 수입을 벌어들이며 세금도 없다. 그런 이유로 전 세계에서 부유한 노인들이 이곳으로 모인다. 그 역시 평균 연령을 높이는 데 한몫했다.

이곳 모나코에선 매년 5월이면 거리를 막고 진행되는 F1 그랑프리 경주가 장관을 이룬다. 거리에는 페라리 같은 고급 스포츠카가 즐비한데, 거기서 내리는 사람들 대부분은 고령자들이다. 노후 생활에 여유가 있고, 좋은 자동차를 탐으로써 멋지게 사는 모습을 뽐내기 위해 페라리나 포르쉐를 탄다.

비단 모나코만 그런 게 아니다. 멋을 목숨처럼 중요하게 여기는 이탈리아 토스카나 지방 소도시에 가도, 값비싼 고가의 스포츠카를 몰고 여생을 즐기는 노인들을 얼마든지 찾아볼 수 있다.

✦ ✦ ✦

일본은 '나이를 먹으면 수수하게 살아야 한다.'라는 인식이 지배적이다. 나이 들수록 사회적 목소리가 작아지고, 소란을 일으키거나 과시해선 안 된다고 여기는 경향이 강하다.

이는 일종의 동조 압력으로 작용한다. 아무 이유 없이 노인의 활력을 짓누르고 젊고 매력적으로 살아갈 기회를 박탈한다. 이런 풍토는 하루빨리 개선되어야 한다고 생각한다. 왜 나이 먹었다는 이유로 더 이상 옷에 돈을 들이지 않아야 하고 저렴한 국산 경차에 만족하며 살아야 하는가?

경차를 타는 사람들 대부분은 돈이 없어서가 아니다. 마음만 먹으면 페라리나 포르쉐를 살 수 있는 경제력이 있는 노인들도 많다. 하지만 도쿄 도심에서조차 노인이 그런 차를 운전하는 걸 본 적이 거의 없다. 소싯적에는 포르쉐를 몰았다는 노인들조차 나이가 들어선 그런 모습을 보이려 하지 않는다. 더 이상 대출을 갚을 필요도 없고 자녀 교육에 돈이 들지도 않는데도 말이다.

자동차는 기본적으로 되팔 수 있는 상품이다. 한때 반도체 공급 부족으로 중고차가 오히려 신차보다 더 비싸게 팔리는 기현상이 벌어지기도 했다. 엔화 약세가 계속되면서 포르쉐 같은 고급 외제 자동차의 리셀(resell) 가격은 계속 오르는 추세다. 노인이 몰지 못할 이유가 없다.

✦ ✦ ✦

프랑스 교외의 오베르주(Auberge)에 방문했을 때, 80이 훌쩍 넘어 보이는 오너가 멋진 4도어 포르쉐를 몰고 역까지 나를 데리러 나온 적이 있었다. 레스토랑과 숙박업을 병행하는 프랑스 숙박 시설인 오베르주까지 가는 동안, 어찌나 즐겁게 운전하던지 부러울 지경이었다.

자동차를 좋아하는 사람은 누구나 공감하겠지만, 자동차를 소유한다는 것은 단순히 이동 수단의 확보만을 의미하는 게 아니다. 자동차는 자신의 정체성이며 표현 수단이고, 인생의 동반자와도 같다. 인지 장애나 시각적 핸디캡이 없는 한, 언제까지고 즐겁게 운전할 수 있다는 것은 살아가는 즐거움 중 하나다.

포르쉐, 페라리, 람보르기니 같은 차를 가지면, 운전을 즐기고 싶어지고 장거리 드라이브도 마다하지 않게 된다. 다채로운 풍경을 보며 운전하는 것은 두뇌 자극으로 이어지므로, 인지 기능 저하를 예방할 수 있다. 그래서 모나코의 고령 운전자 모두가 그토록 활기가 넘치고 젊어 보이는 것이다.

일본은 노인이 큰 사고를 일으킨다는 이상한 선입견을 근거로 운전면허 반납을 압박한다. 그런데 실제 통계 수치를 보면 젊은이들의 사고 빈도가 노인보다 훨씬 높다. 미디어는 노인이 일으킨 사고가 좌중을 주목시키고 논란을 불러일으킬 수 있기에, 더욱 대서특필하는 것이다. 이런 것이 반복되면서 노인의 운전을 금기시하는 문화가 강화된다.

자기가 아끼는 자동차를 소유하고 운전하면 멋져 보일 뿐 아니라, 외모의 젊음으로까지 이어질 텐데 참으로 안타까운 일이다.

우아하고 멋지게
나이 들기 위한 핵심 조건

배우 요시나가 사유리(吉永小百合, 1945년생)는 이른바 국민 여동생이라 불리던 아역배우 출신이다. 그런데 80을 앞둔 나이인 지금까지 너무나 젊은 외모를 유지하고 있다. 나이를 먹어도 깐깐하게 외모 나이를 관리해야 한다는 일종의 표상으로 여겨지는 인물이다.

그런데 그렇게 되기가 쉬운 일인가? 성형외과에서 주름을 펴고 피부과에서 주기적으로 관리를 받아야 할 것이다. 설령 그렇게 한다고 해도 누구나 그녀처럼 젊음을 유지하리란 보장이 없다.

나이가 들어 외모 나이를 젊게 유지하는 데 핵심 조건이 하나 있다. '겉모습이 자기 나이와 어느 정도 어울려야 한다.'라는 것이다.

아무리 젊어 보여도 그 모습이 자기 나이와 어울리지 않게 과도하면 오히려 역효과가 난다. 요시나가가 아름다운 이유는 자기 나이보다 젊어 보이긴 하지만, 어색하지 않게 잘 어울리는 적절한 노년의 외모를 갖고 있기 때문이다.

✦ ✦ ✦

평범한 사람이 배우나 연예인처럼 무작정 젊게 보이려고 발악하면, 부자연스럽거나 애처로워 보일 뿐이다. 자기 미학에 따라 살지 않고 남을 흉내 낸다면, 값싼 짝퉁 같은 느낌밖에 들지 않는다. 오히려 제대로 자기 나이로 보이지만, 우아하고 멋지게 나이 들어 더 보기 좋은 이들도 많다.

프랑스 여배우 카트린 드뇌브(Catherine Deneuve, 1943년생)가 대표적이다. 데뷔 이래로 줄곧 그녀가 출연한 영화를 보고 있지만, '참 멋있게 나이 먹고 있구나.' 하는 감탄이 절로 나온다. 자기 나이에 걸맞게 멋을 낸다는 점이 오히려 젊어 보이는 비결이 아닐까 싶다.

비단 주름을 펴거나 피부 관리를 받는 것만 외모를 젊게 만드는 게 아니다. 패션을 포함해 그 나이에 걸맞은 아름다움을 유지하면 외모 나이는 오히려 젊어진다.

+ + +

영화 '도쿄 타워', 드라마 '파견의 품격' 등으로 인기가 높은 시나리오 작가 나카조노 미호(中園ミホ, 1959년생)는 2021년 니혼게이자이신문에 실린 고민 상담 코너에 다음과 같이 썼다.

"50대에 남자 동료로부터 '맞선 상대가 실망하지 않게, 나이를 좀 낮춰 말하라.'라는 조언을 들었습니다. 그게 말이 되나요? 반세기 이상 열심히 살아왔는데, 그 세월을 숨기라니. 그게 오히려 이상한 것 아닙니까? 나이가 많다고 실망하거나 자리를 뜨는 상대와는 만나지 않아도 됩니다."

나이 편향에 물들어 상대의 진가를 보려 하지 않는 사람은 상대할 가치가 없다는 그녀의 말에 찬성한다. 그런데 나이 편향에 지배당하는 사람이 얼마나 많은가? 자기가 너무 나이 들어서, 이제는 연애는 포기해야 한다고 여기는 이들이 많다.

'아름다운 60대 이상 여배우 순위'를 조사한 기록이 있어 찾아보니, 지금의 60대는 과거와는 전혀 다른 외모를 지녔음을 알 수 있다. 70이나 80대도 예외는 아니다. 아름다워 보이고자 노력하는 한, 모든 사람은 아름다울 수 있다. 여성도 남성도 모두 해당되는 얘기다.

✦ ✦ ✦

'나이 먹은 사람의 얼굴에는 경력과 실적으로 다져진 성인 특유의 섹시함이 있다!' 누군가 포털 사이트에 쓴 이 문구에 누구라도 찬동할 것이다. 단순히 잘생기고 예쁜 게 아니라, 어른의 매력이 느껴지는 나이가 바로 60부터가 아닌가 한다.

이제 나이 편향 따위는 우리 자신부터 벗어 던지자.

좋아하는 상대의 나이, 그와 사랑에 빠지는 나의 나이가 몇 살이냐는 중요하지 않다. 60이 넘으면 실제로 섣부르게 예쁘고 젊은 사람보다 말이 통하고 경륜이 있으며 품격 있는 60대가 훨씬 더 매력적으로 보인다. 사귀고 싶은 마음을 동하게 하는 핵심은 상대의 나이가 아니라 상대가 가진 특유의 매력이기 때문이다.

기분 좋은 설렘은
젊음을 유지하게 한다

✧

이혼을 했거나 사별을 했거나 아니면 아예 미혼인 사람의 경우, 연애는 하고 싶은데 여간해서 이성을 만날 기회가 없다는 사람도 있다. 요즘엔 소개팅 앱이 많이 나와 있어서, 스마트폰만 쓸 줄 알면 얼마든지 만남의 기회를 만들 수 있다. 소개팅 앱에 등록하는 남녀 모두 이성을 사귀는 것이 목적이므로, 만남으로 발전할 확률도 높다. 60이나 70대 고령자를 대상으로 하는 소개팅 앱도 나와 있다. 그러므로 자신과 비슷한 나이의 이성을 만날 확률은 더욱 높아진다.

'생판 모르는 사람과 갑자기 만나는 건 좀….' 하고 꺼리는 사람도 있을 것이다. 그렇다면 미니 동창회 같은 것을 통해 이성을 찾아보는 것은 어떨까? 거창한 동창회를 열어 동창생 모두를 끌어모을 필요가 없다. 사이가 좋았던 친구 몇 명부터 연락하면 된다. 4~5명에서 최대 10명 정도면 충분하다.

옛 친구와 다시 만나는 것은 여러모로 권할 만하다. 그중에서도 이성 동창을 적극적으로 참가시키도록 하자. 안부 정도는 알아도 몇 년씩 못 만난 옛 친구가 많을 것이다. SNS 등으로 수소문해서 이성 동창의 참석도 적극 권유한다. 나이를 먹으면서 점점 옛 친구와의 관계가 소홀해지기 쉽기 때문에, 권유를 받는 쪽도 기쁠 것이다.

✦ ✦ ✦

60부터는 이성을 만난다는 것이 곧 연애와 직결될 필요가 없다. '이성과의 화학작용' 즉 이성의 관심을 받고 잘 보이고 싶은 마음에 불을 붙이는 정도면 충분하다. 적당한 선을 가지고 친구로서 대화한다면 기분 좋은 설렘을 가지고 즐겁게 만남을 이어갈 수 있을 것이다.

인간은 본래 타인의 시선에 신경을 쓰는 동물이다. 반드시 이성적 관계를 가지고 있지 않더라도, 자신의 외모를 가꾸고 매력을 가꾸는데 잠깐의 대화나 만남이 큰 도움이 될 수 있다. 자신에게 파트너가 있다고 집구석에서 푹 퍼져 있기보다는 마치 프랑스 사람들처럼 열린 마음으로 자신을 사교의 장에 던져놓는 것은 어떨까.

여기서 이성 동창을 만날 때 주의할 점은 노골적으로 들이대서는 안 된다는 점이다. 교양 있는 어른이니 일단은 대화를 즐기는 것부터 시작하자. 학창 시절 친구는 이해관계가 없어, 대화할 거리가 얼마든지 있다. 어렸을 때 추억 외에도 살면서 경험한 얘기를 풍성하게 나누자.

즐겁게 대화하려면 유머 감각이 필수다. 유머는 의외성이라는 요소가 필요하기에, 웃음을 유발하기 위해 열심히 궁리하는 사이 전두엽을 활발히 사용하게 된다. 웃음은 의욕을 높여서 외모 나이를 젊게 해준다.

중요한 것은 꼰대 유머나 가르치려는 태도는 곤란하다는 점을 꼭 인식하는 것. 책이나 인터넷에서 본 우스갯소리를 그대로 옮기기보다 스스로 착안한 유머를 활용하도록 노력하자. 가장 좋은 방법은 '자기를 낮추는 유머'를 활용하는 것이다. 좌중을 웃게 하고 분위기를 화기애애하게 만드는 화술을 익혀, 이성에게 점수를 딸 수 있다.

특히 이성 앞에서 야한 농담할 때는 주의해야 한다. 불쾌감을 주지 않으면서 야한 농담을 하는 것은 신이 주신 재능의 영역이다. 아슬아슬 줄타기에 실패하면 상대에게 불쾌감을 줄 뿐 아니라, 자칫 성희롱이 될 수 있다.

CHAPTER 03
60에 40대로 보이는
하루 식습관

소식은 금물!
충분한 단백질을 섭취하라

요즘 노인은 2~30년 전의 노인과는 정말 다르다. 주관이 뚜렷하고 젊고 의욕적으로 살고자 하는 의지가 강하다. 과거 노인들처럼 무조건 자녀에게 의지하기보다, 독립적이고 건강하게 자기 힘으로 살고 싶어 한다.

그래서일까? 자기가 흥미를 느끼는 분야라면 적극적으로 공부한다. 노후에 바람직한 삶의 방식, 건강 등에 관해 특히 관심이 높다. 그 덕에 내 책도 날개 돋친 듯 팔린다.

건강은 특히 중장년층 이상부터 부쩍 관심이 많은 분야다. 그런데 문제는 시중에 나와 있는 조언들 상당수에 옥석이 섞여 있으며, 옥보다 돌이 압도적으로 많다는 점이다. 다양한 현업의 의사들이 자신의 책이나 미디어 출연을 통해 건강 정보를 제시하고 다양한 조언을 한다. 대개 다음과 같은 것이다.

'고령자일수록 식사를 단출하게 하는 것이 좋다', '소식(小食)을 하면 장수한다', '나이가 들면 단백질 섭취를 줄여야 한다'…. 다양한 채널로 정보가 무분별하게 흘러나온다. 대다수는 미국에서 나오는 의료 정보를 우리 실태에 맞추지 않고 그대로 옮겨 적고 있는 실태이며, 독자는 의사의 말이니 무조건 옳을 것이라고 신뢰한다.

✦ ✦ ✦

미국은 비만이 국가적 고민거리인 나라다. 육식 위주 특히 패스트푸드 혹은 냉동식품 위주의 식습관이 일반적이다. 고도 비만 인구가 많아서 심근경색으로 사망하는 사람을 줄이기 위해서라도 칼로리가 낮은 식사를 권하는 게 당연하다.

그런데 일본이나 대다수 아시아 국가는 그렇지 않다. 나이 들수록 비만이나 칼로리 과다가 문제가 되는 게 아니다. 오히려 영양 부족이 문제다. 이런 상황에서 칼로리가 낮은 단출한 식사를 권하면 노년기에는 그것이 오히려 큰 문제가 되고 만다.

일본 의사들은 대체 노인들을 제대로 진찰하고 있기는 한가? 고령자를 오래 진료한 나로서는 고개가 갸웃해진다. 노인은 살이 빠지면 곧 침대 신세를 지게 될 위험성이 높아진다. 그런데 이런 사실을 아는 의사가 거의 없다. 고령자를 전문으로 진찰한 경험이 짧아서, 그들이 실제로 처하는 상황에 대해 제대로 알지 못한다.

일반적으로 건강 관련 조언을 듣는 고령자는 그것을 곧이곧대로 믿는 경향이 있다.

"나이 들수록 건강을 위해 소식을 하세요!"하고 말하면, 그대로 믿고 실행하는 것이다. 오늘날 노인은 지적 수준이 높고 일종의 과학만능주의하에서 성장한 세대이기에, 오히려 과학적 조언에 더 잘 설득되는 경향이 있다.

✦ ✦ ✦

미디어가 권장하는 노인을 위한 식사 메뉴는 어떤 것일까?

밥, 두부 된장국, 낫토, 채소 절임으로 차린 한 상, 담백한 메밀국수나 우동이나 소면, 염분이 적고 소박하게 조리된 생선구이와 채소 조림, 채소 냄비 요리…. 이렇게 먹으면 건강에도 좋을뿐더러 오래 살 수 있다는 일종의 믿음이 형성되었다. 어딜 봐도 동물 단백질은 찾아보기 힘들다. 그런데 이런 식생활이야말로 '외모 나이를 늦게 하는' 주범이다.

단백질이 압도적으로 부족하기 때문이다. 1장에서도 이야기했듯이, 외모 나이가 늙은 사람일수록 단백질 섭취가 현저히 적다는 특징이 있다.

60에 해야 하는 운동 vs 절대 해서는 안 될 운동

하루라도 더 오래 살기만 하면 되는가? 아니면 얼마가 됐든 살아 있는 동안 건강하게 살고 싶은가?

양자택일의 문제다.

온갖 건강 지상주의 대책은 대개 '질 높은 삶', '젊게 사는 삶'과는 관계가 없다. 충격적일지 모르나 오래 노인 의료에 종사한 사람의 말이니 주의 깊게 듣고 한 번 곰곰이 생각해 보기를 바란다.

소위 '대사 증후군'에 대한 사회적 관심이 높아진 이래, '살찌는 것은 나쁘다!'라는 사회적 압박이 강해졌다.

대사 증후군이란 무엇인가? 혈압, 혈당, 콜레스테롤 등 성인병의 원인이 되는 신체 대사 수치가 높아지는 현상이다. 보건소, 구청 할 것 없이 대사 증후군 예방을 기치에 들고 다이어트를 하라고 캠페인 한다. 살이 찐 것은 부끄러운 일이고, '장수나 건강한 삶의 적'이라는 인식이 팽배해 있다.

그런데 다이어트를 어떻게 하는가? 먹는 것을 줄이는 게 주류다. 운동이나 모든 방법을 동원해도 결국 가시적으로 몸무게를 줄이는 가장 확실한 방법은 먹는 것을 줄이기 것이기 때문이다.

✦ ✦ ✦

젊었을 때는 그래도 괜찮다. 그런데 나이가 들어서 먹는 걸 줄이고 살을 빼면 득보다 오히려 실이 크다. 제일 나쁜 악영향은 영양 부족, 특히 단백질 부족이다. 몸무게는 줄지 몰라도 근력이 저하되어서 걷기가 힘들어지고 외모도 부쩍 늙는다. 그래서 나는 무리하게 다이어트를 할 필요는 없다고 소리내 주장한다.

나이가 들면 근육량이 자연적으로 줄어들게 된다. 일반적으로 50세가 넘으면 매년 1~2퍼센트 근육이 감소하며 이렇게 꾸준히 줄어든 결과로 65세가 되면 25~35퍼센트가 줄고, 80세에는 40퍼센트 이상 줄어 근력이 떨어진다.

근력이 줄면 보행과 계단 오르내리기가 어려워지고 그런 이유로 운동을 멀리하게 된다. 그러므로 나이가 들수록 영양 섭취, 그중 단백질을 충분하게 섭취하는 것이 매우 중요하다. 노인의 경우 몸무게 1킬로그램당 1~1.2그램, 아니 그 이상의 단백질을 섭취하는 게 적당하다.

✦ ✦ ✦

외모를 좋게 하려고 다이어트를 하고 싶어 하는 사람도 분명히 있을 것이다. 그렇다면 먹는 것을 줄이지 말고 운동량을 늘리는 편이 좋다.

나이가 들면 러닝 같은 격렬한 운동을 갑자기 시작하는 것은 좋지 않다. 관절을 다치면 운동하는 것으로 얻는 혜택보다 훨씬 심각한 후유증에 시달려야 한다. 애초에 좋아하지 않는 걸 억지로 한들 꾸준히 지속할 수 있을 리 없다.

칼로리 소모가 높으면서도 즐겁게 할 수 있는 운동을 시작하는 게 좋다. 나이 든 사람들에게 인기가 높은 스포츠로는 자전거 타기, 수영, 탁구, 배드민턴 등이 있다. 모두 칼로리 소모가 높은 운동이므로, 원하는 걸 택해서 꾸준히 하기를 권한다.

특히 노년기의 근력 감소에는 무거운 물건을 몸의 근육을 통해 들어 올리는 운동이 효과적이다. 이른바 웨이트 운동이다. 걷기를 몇 시간이고 하면 근육에 피로를 주는 반면, 근육 강화 효과는 상대적으로 적다. 반면 웨이트는 단시간 운동에도 효과가 뛰어나다. 바벨을 다리로 밀어 올리거나 평소 사용하지 않는 대퇴근 등을 단련하는 동작 운동을 해준다.

댄스 역시 중장년층에게 매우 바람직한 운동이다. 살을 빼기에도 효과가 높다. 나와 함께 책을 쓴 적이 있는 공중보건 전문가이자 의사인 기무라 모리요(木村盛世, 1965년생) 씨는 상당히 날씬한 체형인데, 함께 식사하면 굉장히 대식가여서 깜짝 놀라게 된다. 그녀의 취미가 댄스다. 에너지 소모가 커서 영양을 보충하려면 많이 먹어야 한다고 한다. 그녀는 체형만 날씬한 게 아니라 자세도 곧다.

✦ ✦ ✦

먹는 것을 줄이는 방법으로 다이어트를 하면 단백질이 부족해져 자세까지 나빠질 위험성이 있다. 60부터는 골격이 비틀어지거나 걷는 자세가 구부정해진다. 영양 부족까지 겹치면 상황은 더 악화할 수 있다.

적어도 앞으로 다이어트를 하려고 한다면, 먹는 것을 줄이는 것은 금하고 싶다. 나이를 먹는 뒤의 다이어트 방법은 젊었을 때와는 완전히 달라야 하기 때문이다. 단백질 등 영양을 오히려 더 충분히 섭취할 것, 자기에게 맞는 운동을 골라 충분히 할 것, 약간 과체중이어도 괜찮으니 너무 살을 빼려고 노력하지 말 것. 이것이 바로 60 이후의 다이어트 방법이다.

60이 넘으면 젊었을 때처럼 친구들과 어울리느라 시간이 없다거나 일이 바빠서 짬을 낼 수 없다는 핑계가 더 이상 통하지 않는다. 60이 넘어서는 자기가 좋아하고 시간을 투여

하는 운동이 하나쯤은 있어야 오히려 외롭지 않다. 사람들과 어울려 할 수 있는 운동이라면 더욱 좋겠다. 남에게 잘 보이고 싶다는 동기부여까지 덧붙여져 더욱 확실한 다이어트가 될 것이다.

건강을 위해 의사인 내가 지키는 하루 루틴 3가지

최근 수십 년 들어서 동맥경화의 원인이 되는 콜레스테롤 관리를 위해 혈압과 혈당 관리, 금연 등을 해야 한다는 사회적 메시지가 더욱 커졌다. 대략 50 무렵부터 이런 얘기를 귀가 딱지가 앉을 정도로 자주 듣게 된다. 혈압과 혈당이 높은 것은 부모에게 불효하는 것 이상으로 크나큰 사회적 죄악이 되었다.

이 책을 읽는 독자 중에도 혈압이나 혈당을 낮추기 위해, 저염식을 먹거나 칼로리를 제한하는 사람이 반드시 있을 것이다. 그렇게 하는 목적이 무엇인가?

아마도 수명을 늘리고 싶어서일 것이다. 그런데 극단적으

로 말하면 혈압, 혈당, 콜레스테롤이 수명과 직접적인 인과
관계가 있다는 과학적 근거는 확실하지 않다.

특히 일본이나 아시아인의 경우 고도 비만이 많지 않으므
로 이들에게 혈압, 혈당, 콜레스테롤 수치는 크게 문제가 되
지 않는다. 또한 이러한 수치를 극적으로 낮춘다고 해서, 수
명이 획기적으로 늘어나지도 않는다. 이것이 오랫동안 고령
자 의료에 종사해 온 내 결론이다.

혈압은 매우 극단적으로 높지만 않으면, 사망률을 높이지
않는다. 의사가 혈압, 혈당, 콜레스테롤을 낮추라고 조언하
는 이유는 동맥경화의 진행을 막아서 심근경색이나 뇌졸중
등 혈관 장애를 예방하기 위함이다. 하지만 나이를 먹으면
자연히 혈관이 굳고 좁아지며, 그런 결과 혈압이 올라간다.
이것은 누구에게나 거의 공평하게 나타나는 현상이다.

그런데 그것을 애써 낮추기 위해서 맛이 없어 밥 먹기가
싫어질 정도로 소금을 줄이거나, 칼로리를 엄격하게 제한할
필요가 있을까?

✦ ✦ ✦

2장에서 고백했듯이, 나는 당뇨가 있고 혈압도 높고 심부

따라서 단백질 섭취를 고기에만 의존한다면, 하루 300그램을 먹어야 한다.

그런데 이만큼 먹는 사람이 과연 얼마나 될까? 물론 다른 식재료에서도 단백질을 섭취할 수 있지만, 그 경우 하루 권장 단백질을 충족하려면 훨씬 더 많은 양을 먹어야 한다. 평균적으로 쇠고기와 동일한 단백질 섭취를 위해 두부를 먹는다면, 두 배 정도의 양이 필요하다고 한다.

그런데 단백질이 부족하면 주름이 쉽게 생긴다. 피부를 구성하는 재료가 부족해 푸석푸석한 피부가 된다. 아무리 좋다는 화장품으로 커버해도 소용이 없다. 피부 속이 영양 부족인데, 겉에 아무리 바른들 좋아질 리 없다.

그러므로 주름이 많고 푸석푸석한 피부를 가졌다면, 단백질이 부족한 식사를 하는 경우라고 보아도 무방하다. 피부 주름만이 아니다. 윤기 없는 퍼석한 머리카락, 손톱에 생기는 세로줄 등도 단백질 부족의 신호다.

생명 유지와 관계가 깊은 부위에 부족한 단백질을 우선 사용하게 되므로, 피부, 머리카락, 손톱은 우선순위에서 밀린다. 단백질 부족의 영향이 이런 곳에 더 빨리 나타나는 까닭이다.

OOO가 부족하면
우울증이 빨리 온다

내가 직접 수천 명의 노인들을 진찰한 결과, 외모 나이가 젊을수록 혈압이나 콜레스테롤 수치가 약간 높은 경향이 있다고 앞에서 말했다.

그런데 이들 수치가 정상이거나 낮은 고령자일수록 대체로 약간의 우울 증세를 보이는 경우가 많았다. 이 역시 단백질 부족과 밀접한 관계가 있다고 생각한다.

인간이 정신 상태를 안정적으로 유지하기 위해서는 세로토닌(serotonin)이라는 뇌신경 전달 물질이 필요하다. 세로토닌은 일반적으로 '행복 호르몬'이라고 불리기 때문에, 익히 알고 있는 사람도 많을 것이다.

✦ ✦ ✦

세로토닌이 정상적으로 분비되면 의욕이 높아지고 불안감이 약해진다. 의욕적으로 하루를 보낼 수 있다.

그런데 나이를 먹을수록 세로토닌 분비가 조금씩 감소하는 경향이 있다. 따라서 본래는 나이를 먹을수록 세로토닌기 힘들어지고, 이것이 반복되면 아예 걷지 못하게 된다.

1장에서도 이야기했듯이 무려 3년 이상 지속된 코로나 팬데믹 기간에 '고령자는 밖에 나오지 마라.'라는 사회적 분위기가 형성되었다. 순응적인 고령자들은 이 기간 근력이 급속히 약해져 걷지 못하는 신세가 되고 말았다.

그런데 외출이 가능해지고 다시 걷는 습관을 들이면 근력이 회복될까? 안타깝게도 그것만으로는 절대 회복할 수 없다. 근력을 회복시키려면 근육의 재료가 되는 영양분을 섭취해야 한다.

근육의 재료인 단백질이 부족하면, 평소에 걷는 습관을 들였더라도 점점 하체 근력이 저하되어 간다. 근력 저하가 진행되면 걷기도 힘들어지기 때문에 집에만 틀어박혀 있거나 최소한의 동작만 하게 된다. 그 결과 근력이 더욱 저하된다. 악순환이다. 이런 사이클을 그리며 근력이 현저히 저하되다 보면, 결국 침대 신세를 지게 되고 만다.

✦ ✦ ✦

나이가 들면 뇌의 인지 기능 역시 저하된다. 그런데 자꾸 집에만 틀어박혀 있고 반복적이며 단조로운 활동만 하면, 뇌는 더욱 자극받지 못하게 된다. 걷는 습관은 이런 면에서도 매우 중요하다.

걷기를 하려면 일단 집을 나서야 한다. 새로운 주변 환경, 사람들, 사물을 만나면서 뇌 역시 자극된다. 걷기를 통한 신체 자극뿐 아니라 뇌 자극도 동시에 이뤄진다. 또한 남에게 잘 보이기 위해 자기를 꾸미게 되므로, 외모 나이를 낮추는 데도 도움이 된다.

걷는 데 도움이 된다면 지팡이도 적극적으로 활용할 필요가 있다. 사람에 따라 지팡이를 짚고 다니는 게 창피하다고 생각하는 이들도 있다. 그런데 나는 잘못된 생각이라고 본다. 걷기를 포기하는 것보다는 지팡이를 짚으면서라도 열심히 걷는 편이 좋다.

능숙하게 잘 활용하기만 하면 걷는 데 도움이 될 뿐 아니라 불편한 다리의 피로감도 덜어준다. 또한 자세도 바로잡아 준다. 지팡이를 사용하면 넘어지는 것을 예방해 준다는 이점도 있다. 단지 지팡이 활용법을 잘 익혀 활용해야 한다.

고령자들은 걷다가 넘어져서 뼈가 부러지는 사고를 당할 위험성이 크기 때문에, 불안한 사람은 적극적으로 지팡이를 사용해야 한다고 생각한다.

다만, 기왕 지팡이를 사용할 것이라면 멋진 지팡이를 선택하자. 꼬부랑 할머니 할아버지를 연상시키는 지팡이가 아니라 이른바 '스틱'이라고 불리는 지팡이다.

유럽의 고령자들은 세련된 스틱을 사용해 기품 있게 거리를 산책한다. 이런 도구에는 돈을 좀 들여도 좋다고 생각한다. 도쿄의 긴자 주변에서 지팡이를 능숙하게 사용하며 시원시원하게 걷는 고령자를 보면 굉장히 멋있어 보인다.

60이여, 의식적으로 고기를 먹어라!

단백질이 부족하면 얼굴도 늙고 몸도 약해진다.

나도 적극적으로 고기를 먹고 있지만, 역시나 젊은 시절에 비하면 고기가 부담스럽게 느껴질 때도 있다. 위장 기능이 약해진 탓인지도 모르지만, 아무래도 이유가 그것만은 아닌 것 같다는 느낌을 받는다.

최근 들어 고령자에게도 육식을 권장하게 되었다. 근력 저하 방지 차원이 크다. 그런데 사람에 따라서는 육식을 버거

위하는 경우도 적지 않다. 그런 사람은 자연스럽게 단출하고 소박한 식사를 하게 된다.

✦ ✦ ✦

어쩌면 인간은 나이를 먹으면 저절로 단백질을 기피하고 단출한 식사를 하게 되는지도 모르겠다. 실제 불과 수십 년 전까지는 60 전후에 노환으로 자연히 사망하는 이들이 많았다.

그래서 나는 이런 생각까지 해 보았다. 나이를 먹으면서 식사가 소박해지는 것에는 이유가 있지 않을까? 수명이 다 되어 가므로 질병 없이 노환으로 편안하게 죽을 수 있도록 유도하는 일종의 프로그램이 장착된 탓이 아닐까? 말하자면 생물로서 정해진 수명에 죽기 위한 자살 장치 같은 것이란 말이다.

인간은 본래 60 무렵에 죽도록 프로그래밍 되어 있는지도 모른다. 그래서 본래 갖춰진 유전자 프로그램 탓에, 나이를 먹으면 단백질이 풍부한 고기 같은 게 꺼려지는 게 아닐까? 어디까지나 나의 가설일 뿐이다.

설령 이 가설이 사실이더라도 현대를 사는 우리는 이미 그러한 프로그램에서 벗어난 삶을 택했다. 평균 수명은 점점 높아져 바야흐로 '100세 시대'다. 이를 가능케 한 것이 영양 개선과 의료 발전이다.

오래 사는 길을 선택한 이상, 우리는 그 다음 단계를 생각해야 한다. 연장된 시간 동안 무엇을 하며 어떻게 더 젊게 살 것인가?

오래 사는 길을 택한 당신이
고민해야 할 것

✧

그래, 오래 살게 된 것은 분명 좋은 일이다.

그런데 70 무렵부터 이미 몸을 제대로 가누지도 못해 침대에 누워 여생을 보내게 된다면, 그것이 과연 바람직한가? 하고 싶은 일이 있어도 할 수 없다. 가고 싶은 곳이 있어도 갈 수 없다. 그렇게 된다면 애써 오래 살게 된 것이 무슨 의미가 있을까?

오래 사는 길을 택했다면, 적어도 하고 싶은 일을 할 수 있을 체력과 새로움을 탐구하고자 하는 인지 기능이 유지되어야 마땅하다. 외모 나이도 젊고 아름답게, 그러니까 죽기 직전까지는 젊고 건강하게 살아야 하지 않겠는가?

은퇴한 뒤에는 여기저기 여행해 보고 싶다는 사람이 많다. 하지만 몸이 약하면 여행을 갈 수 없다. 여행을 맘껏 하려면 근력 저하를 막고 튼튼한 하체를 유지할 필요가 있다.

✦ ✦ ✦

그런데 지금의 의료는 이런 부분에 주목하지 않고 있다. 말하자면 일본 의료는 '오래는 살 수 있게 해 드릴게!' 하는 식이다. 전 국민 의료보험 체제로, 병에 걸리면 극진한 치료를 받을 수 있다. 어떤 의미에서 좋은 제도지만, 우선순위가 '치료'에 집중되어 있다. 환자가 근본적으로 젊고 건강해지는 것에는 별로 관심이 없고, 그런 일은 뒷전으로 밀려 있다는 느낌을 받는다.

50까지는 병에 걸린 곳을 치료하면 회복력이 있으므로 그럭저럭 건강한 몸으로 돌아갈 수 있다. 그러나 60이나 70이 되면 병에 걸린 곳을 치료한다고 한들 계속해서 온몸이 쇠약해진다. 노화가 급속도로 진행되는 까닭이다. 그런데 우리 의료는 노화를 막는 일에 대해서는 거의 생각하지 않는다.

지금보다 건강해져서 50의 몸으로 돌아가고 싶은 환자가 있다면, 그것을 가능케 하는 의료가 있어야만 한다고 생각한다. 구체적으로 말하면 부족한 것을 '보충하는' 의료다.

부족한 단백질 등 영양을 보충하는 의료, 부족한 남성 호르몬이나 여성 호르몬을 보충하는 의료, 늙어 가는 외모를 보충하는 의료 등이 그것이다. 외모를 보충하려면 미용 의학의 힘을 빌려야 한다.

이런 의료가 없는 것은 아니다. 문제는 모두가 '보충하는 의료'를 기꺼이 필요로 하는 마음이 있느냐는 것이다.

'이제 나이도 먹을 만큼 먹었으니 큰 병만 없으면 됐지, 젊어지고 활기차게 사는 게 뭐 그리 중요하겠어?' 혹은 '나이를 거스르면서까지 외모 나이를 젊게 하고 싶지는 않다.' 이렇게 생각하는 사이, 외모 나이는 점점 더 점점 늙어 가고 만다.

콜레스테롤을 과도하게 억제하지 마라

아시아 국가 대부분은 불교 등 종교적 이유, 쌀농사에 필요한 소를 육식으로 삼지 않는 풍습 등으로 동물 단백질을 많이 섭취하지 않았다. 그러니 대다수 국가에서 제대로 육식을 하기 시작한 것은 불과 100여 년 안팎이다.

그런데 어느새 이들 국가에서도 비만이나 성인병이 사회적 문제로 대두되면서, "지나친 육식은 몸에 좋지 않다."라는 말이 슬슬 나오기 시작했다. 말인즉슨 고기를 너무 많이 먹으면 심장이나 혈관에 타격을 준다는 것이다. 그런데 근거는 대개 미국의 연구 결과들이다.

✦ ✦ ✦

미국인은 평소에도 300그램이 넘는 쇠고기 스테이크를 당연하다는 듯 전부 먹어 치운다. 그에 비해 일본인의 육류 섭취량은 하루 70그램이 채 안 된다. 이웃 나라인 한국이나 중국의 사정도 다르지 않다. 내 관점에서 보면 우리는 서양인들에 비해 육류 섭취량이 너무나 낮고, 그러기에 앞으로도 오히려 더 많이 고기를 먹어야 한다.

그런데도 의사들은 미국 의학 최신 연구 결과가 육류 섭취를 줄이라는 것이니, 우리도 육류 섭취를 줄여야 한다고 입을 모아 말한다. 그런 탓으로 육류 섭취량은 계속 답보 상태에 있다. 미국 의학이라면 무조건 신봉하는 세태 속에서 노인들이 더 젊고 활력 있게 살 수 있는 길을 막고 있는 셈이다.

서양인과 우리는 체질도 식생활도 다르다. 수명을 늘리는 대책도 당연히 다를 수밖에 없다. 일본인의 사망 원인 1위는 암이지만(한국도 마찬가지다), 미국인의 사망 원인 1위는 심근경색 등 허혈 심장질환이다. 암으로 죽는 사람이 제일 많은 우리가 심근경색으로 죽는 사람이 제일 많은 나라의 데이터를 가져온들 제대로 맞아떨어질 리가 없다.

미국인들은 고기를 많이 먹어서 심근경색으로 죽는 사람이 많은 걸까? 반드시 그렇다고 볼 수도 없다. 원인은 고도 비만 탓이다. 체질량 지수(BMI) 기준 25 이상이면 일본에서는 비만으로 분류되며(한국도 같다), 국제적으로는 30 이상을 비만으로 간주한다. 미국은 30 이상 비만 인구가 전체의 40퍼센트 이상이지만, 일본은 4퍼센트(한국은 6퍼센트)에 불과하다. 그러니 이 나라의 기준을 우리에게 그대로 적용하는 것이 과연 옳을까?

✦ ✦ ✦

고도 비만이 아닌 한, 콜레스테롤은 우리 몸에 꼭 필요한 물질로서, 특히 면역 세포를 만드는 핵심 재료가 된다. 요컨대 콜레스테롤 수치를 무리하게 낮추면, 오히려 면역력이 떨어져 버리는 것이다. 그리고 면역력과 관계가 깊은 병이 바로 암이다.

인체는 세포 분열을 거듭하면서 계속해서 새로운 세포로 교체되어 간다. 이때 오래된 세포의 유전자가 복제되어 새로운 세포가 만들어지는데, 복제 오류가 발생하는 경우가 있다. 이것은 몸속에서 자주 일어나는 일로, 잘못 복제된 세포는 면역 기능을 통해서 처리된다.

그러나 면역력이 떨어지면 잘못 복제된 세포가 면역의 감시망을 피해서 증식하기 시작한다. 이것이 커진 것이 바로 암이다.

콜레스테롤은 면역 세포의 재료이기 때문에, 이것이 줄어들면 면역력도 저하된다. 요컨대 과도한 콜레스테롤 억제는 암으로 목숨을 잃는 사람 수를 줄이는 데 거의 효과가 없다. 일본인에게는 비만이 그다지 심각한 문제가 아니다. 그보다는 고기를 더 먹어서 콜레스테롤이 줄어들지 않게 하는 편이 암에 대한 대책으로서 훨씬 효과적이다.

60부터는
면역력이 우선이다

사망 원인 1위인 암을 예방하려면 면역력을 키워야 하며, 육류 섭취가 부족한 우리는 고기를 더 열심히 먹어서 면역 세포의 재료가 되는 콜레스테롤을 보급해야 한다.

물론 채소를 섭취하는 것 역시 면역력을 높이기 위해 중요하다. 그런데 채소를 많이 먹으면 좋다는 말이 육식을 줄여야 한다는 말과 일치될 필요는 없다.

채소에는 식이섬유가 들어 있는데, 장내 세균의 먹이가 되는 수용성 식이섬유는 장내 환경을 정돈해 면역력을 높이는 효과가 있다. 면역 세포의 약 70퍼센트는 장에 집중된 것으로 알려져 있는데, 장내 환경이 정돈되면 면역 세포가 활성화된다. 그래서 채소의 식이섬유를 섭취하도록 권장하는 것이다.

참고로, 식이섬유는 채소뿐만 아니라 버섯류나 해조류에도 들어 있다. 이런 것들을 곁들여 섭취하면 면역력이 높아진다. 고기를 먹으면서 얼마든지 같이 먹으면 된다.

✦ ✦ ✦

채소 중에는 암 예방에 도움이 되는 또 다른 성분을 함유한 것도 있다. 토마토나 피망 등 색이 진한 채소 색소에 들어 있는 성분이다. 토마토의 빨간색이나 피망의 녹색에는 채소를 자외선으로부터 보호하기 위한 항산화 물질이 들어 있다.

인간은 과도하게 자외선을 쬐면 몸에 좋지 않다고 하는데, 자외선으로 인해 피부 등이 산화되기 때문이다. 자외선으로 인한 피부 산화는 피부암의 위험성을 높이기 때문에, 자외선 대책이 필요하다.

산화는 몸속에서도 일어나며, 세포가 산화되면 유전자가 손상되어 복제 오류가 발생하기 쉬워진다. 요컨대 암의 위험성이 커진다는 말이다.

이를 방지하기 위해 인간의 몸에서는 산화를 환원하는 효소 등이 만들어지지만, 나이를 먹을수록 그 양이 줄어든다. 줄어든 양을 보충하는 성분으로서 항산화력이 강하다고 알려진 것이 바로 채소에 들어 있는 항산화 물질이다. 암에 많이 걸리는 우리가 채소를 먹어야 한다는 것의 진짜 의미는 바로 여기 있다.

다만, 지나친 건강 지상주의로 극단으로 치달아서는 곤란하다.

채소가 암을 예방한다고 하니, 육류 양을 줄이고 무조건 채소 중심으로 먹는 사람이 많아지는 식이다. 고기에 포함된 콜레스테롤도 면역을 높이므로 매우 중요하다. 그러므로 주요 식재료인 육류나 생선을 충분히 섭취하는 것이 우선 바탕이 되어야 한다. 채소는 반찬으로 섭취하면 충분하다.

이런 균형을 망각하면 건강하고 젊게 살아가는 데 결코 도움이 되지 않는다는 점을 잊지 말기 바란다.

남이 해주는 다양한 음식이 보약이다

✦

건강 지상주의자들이 생각하는 '단출한 식사'는 단조로워지기 쉽다. 육류나 기름기가 적은 식품만을 중심으로 식사하려고 하면, 먹을 수 있는 식품의 가짓수가 줄어들기 때문에 식단에 변화를 주기가 어렵다. 그래서 채소 된장국에 현미

밥, 채소 반찬과 생선구이 하는 식의 레퍼토리가 반복된다.

'고기는 몸에 나쁘니까 먹으면 안 된다', '튀김은 기름을 사용하니까 먹으면 안 된다'… 이런 식으로 메뉴를 구성할 때 소거법을 적용하면 자꾸만 범위가 좁아진다. 식사 메뉴에 변화와 재미가 사라진다. 게다가 중요한 성분인 단백질도 부족해진다.

이것이 외모 나이를 늙게 만드는 매우 커다란 요인임은 지금까지 수없이 반복해 말했다.

건강해지려면 단출하게 적게 먹어야 한다는 생각 따위는 이제 지워버리자.

고기도 훨씬 더 적극적으로 먹어야 한다. 그렇다 해도 집에서 조리해서 먹을 수 있는 요리의 가짓수는 그다지 늘어나지 않을 것이다.

고기를 충분히 먹는다고 해도, 식탁에 오르는 메뉴는 한정적이다. 굽고 찌고 양념을 해서 조리고… 육류의 종류도 한정적이고 조리하는 방식도 그간의 패턴에 따라 정해져 있다. 그러다 보면 다채롭다는 느낌이 들기는 어렵다.

튀김이나 구이를 해 먹으려 해도 집에서는 기름을 많이 써서 요리하기가 번거롭고 냄새나 기름기 때문에 하기 꺼려진다.

그러다 보니 매번 식탁에 오르는 메뉴 몇 종류가 계속 돌아가며 올라오게 마련이다.

집에서 요리하는 사람들 다수는 프로 요리사가 아니기 때문에, 만들 수 있는 종류가 제한적일 수밖에 없다. 다시 말해 영양도 편중될 가능성이 있다.

✦ ✦ ✦

노년 의학의 관점에서 말하면, 나이를 먹을수록 여러 종류의 식품으로부터 영양을 섭취하는 편이 좋다. 그래서 추천하는 방법이 외식을 적극적으로 활용하는 것이다.

가령 집에서 닭고기를 먹는다면, 일반적으로 먹는 부위는 다리나 가슴살일 것이다. 돼지고기나 소고기 또한 고기는 먹더라도 내장까지 먹기는 쉽지 않다.

그런데 꼬치구이 집에 가면 고기의 온갖 부위나 내장도 먹을 수 있다. 식당에서 전문적으로 취급하는 토끼, 염소, 사슴 등 특별한 동물 단백질을, 탕류를 전문으로 하는 식당에서 내장이나 머리 고기 등을 접할 수 있다.

집에서는 재료를 구하기도 어렵거니와 손질하기도 힘들어

서 만들 수 없는 메뉴다. 소나 돼지의 내장에는 피부의 재료가 되는 콜라겐이 듬뿍 들어 있는 까닭에 외모 나이가 젊어지는 데 도움이 된다.

생선도 집에서 구해서 조리할 수 있는 것은 몇 종류에 불과하지만, 초밥이나 횟집, 생선구이나 조개구이 전문점에 가면 평소 먹을 수 없는 다양한 종류의 어패류를 먹을 수 있다.

이렇듯 여러 종류의 식품을 조금씩 먹으면서 부족해지기 쉬운 영양소를 보충할 수 있다.

다채로운 음식을 먹는 일은 전두엽 활성화에도 도움이 된다. '호기심이 많은 사람은 마다하는 음식이 없다.'라는 속담처럼 먹는 데 거리낌이 없으면 더 풍부한 경험이 가능하다. 혹여 해외여행을 가더라도 낯선 외국 음식에 잘 적응할 수 있고, 음식을 즐김으로써 여행의 기쁨도 배가된다.

외식을 통해 평소에 먹지 못하던 것을 접하면, 집에서 요리할 때 참고도 된다. 외식함으로써 집에서 만드는 요리의 가짓수도 늘어나게 된다.

혼자서 홀짝홀짝,
빨리 늙는 지름길

60이 넘어서 자유롭게 술을 마실 수 있다는 것은 행운이 아닐 수 없다. 젊어서는 두주불사 식으로 마시던 사람도 나이가 들면 여러 이유로 금주를 해야 하거나, 술을 줄이게 된다. 다음 날 여파가 심해서 젊어서처럼 용감하게 마시기도 힘들다.

한두 잔 반주로 곁들이다 보면, 나이가 들수록 자꾸만 혼자서 술을 마시게 된다. 같이 마시자고 할 사람도 마땅치 않고, 또 어울려 마시는 게 경제적으로 부담되기도 한다. 요즘은 각자 자기가 마신 걸 내는 게 대세라지만, 우리 세대한테는 여전히 "내가 낼게!" 하는 호기가 남아 있다.

그러나 술을 좋아한다면 혼자 마시지 말고 누군가와 함께 혹은 단골 술집 등에서 마시기를 권한다. 가까운 곳에 꼬치구이 등 가벼운 단백질 안주와 어울려 가볍게 한잔할 수 있는 술집이 있다면 찾아보자.

특히 나이 들수록 집에서 혼자 술을 마시는 일은 하지 않았으면 좋겠다. 혼자 마시다 보면 어찌 되는가? TV를 보면서 홀짝홀짝 아무런 대화나 상호작용 없이 마시게 된다. 뇌에 자극을 주지 못할뿐더러, 마시다가 그대로 잠들어도 된다는 편한 생각에 나도 모르게 과음할 위험성이 있다. 내일 아침 나가야 할 곳이 딱히 없는 나날이 반복되면 취할 때까지 술을 마시는 습관이 몸에 젖을 수도 있다.

혼자 산다면 과음해도 말릴 사람이 없다. 대화할 사람도 없어 사회적으로 고립될 위험도 있다. 혼자 먹는 게 좋아서 집에 틀어박히게 되고, 외출이 줄어 근력을 비롯한 몸의 기능이 저하된다. 사람들과 대화할 기회가 줄면 인지 기능 장애까지 따라 올 가능성이 있다.

✦ ✦ ✦

술은 무조건 밖에서 마신다고 원칙을 세우면, 단골집을 찾은 다른 손님이나 주인장과 대화할 기회가 생긴다. 술집에서 말 거는 게 싫다면 가만히 앉아 주변 사람들의 이야기를 듣는 것만으로도 뇌가 자극된다.

애초에 술집이 주는 특유의 분위기는 다양한 사람들 사이 오가는 떠들썩한 대화에서 나오는 것이다. 친구나 지인과 함께 있든 아니면 혼자 있든, 그런 와자지껄한 분위기에 '참여하고 있다는 기분'을 갖는 게 중요하다.

기왕 술집에 갈 거라면 친구나 지인을 불러 함께 마시는 편이 좋을 것이다. 즐겁게 대화하고 다양한 근황을 주고받는 사이 뇌의 노화 방지에 도움이 된다. 요즘에는 비슷한 관심사의 동네 친구나 취미 동호회 등 사람을 만날 수 있는 다양한 애플리케이션이 있으니 이용해도 좋다.

무엇보다 중요한 것은 밖에서 술을 마실 때는 설령 집 근처 술집에라도, 제대로 차려입고 가야 한다는 점이다. 외출할 때 멋을 내는 것은 '외모 나이를 젊게 만드는 철칙'임을 잊지 말자. 아닐 것 같지만, 가게를 찾은 사람들도 그런 부분을 유심히 보게 마련이다. 옷차림과 몸가짐이 단정한 손님은 가게 주인에게도 다른 손님들에게도 안정감을 준다.

처음 가는 가게라면 멋지게 차려입고 가서 호감도를 높이자. 사장이나 손님들이 호의적으로 맞이해 줘서 기분 좋게 마실 수 있고, 몇 번 가다 보면 단골로 인정받을 것이다.

CHAPTER 04
60부터는
품격 있는 태도가 전부다

60부터 인간관계는
저절로 주어지지 않는다

혹시 인생에서 처음으로 친구를 사귀었을 때의 상황이 기억나는가?

아마도 유치원 혹은 초등학교 저학년 때 처음으로 친구를 만났을 것이다. 그런데 아무리 생각해 보아도, 어떻게 서로 접근했고 또 어떻게 친해졌는지 잘 기억나질 않는다.

특별히 뾰족한 방법이 있었던 것도 아니다. 그저 옆자리에 앉았거나 집이 같은 방향이거나 뭔지 모르게 끌려서일 것이다. 누가 먼저 다가섰는지조차 기억이 가물가물하다.

인생을 살면서 정규 교육을 받고 직장에 다니거나 밥벌이를 하면서 맺어온 '사회적 관계'는 전부 주어진 것이었다. 가족은 더 말할 나위가 없다.

떠올려 보면 우리는 학교에 들어가고 퇴직을 하기까지, 거의 끊임없이 사회적 관계를 맺게 된다. 그런데 다수는 자발적인 것이 아니라 주어진 관계였다. 부모 자식 관계가 그렇고 학창 시절 친구가 그렇고 직장 동료가 그렇다. 요컨대 '저절로' 맺어지는 관계가 많았다.

✦ ✦ ✦

그런데 60이 넘으면 이렇듯 저절로 주어지는 인간관계는 새롭게 잘 생기지 않는다. 기존에 맺었던 관계를 지속하거나 할 뿐, 그것이 끊기면 여간해서 새로운 관계를 맺기가 쉽지 않다.

중년을 지나는 사이 자식을 키우고 일을 하느라 정신없이 보내고, 이제 한시름 내려놓고 뒤를 돌아보면 아무도 남아 있지 않은 경우도 많다.

그래서 60이 넘으면 부부만 오롯이 남는 경우가 많다. 배우자가 건강하고 함께 시간을 보낼 여유가 있다면 좋겠지만, 그마저도 힘들다면 사회적 고립감을 느끼기 쉽다. 불러주는 곳도 없고 의지할 곳도 없고, 가볍게 대화할 상대조차 없는 경우가 허다하다. 반려동물이 그 자리를 차지하거나, 그도 아니라면 하루 종일 TV를 틀어놓고 멍하니 들여다보게 된다.

60부터 젊어지는 외모 나이를 유지하고 활력 있는 생활을 하기 위해서는 '스스로 만들어가는 사회생활'에 익숙해지지 않으면 안 된다. 먼저 다가와 '친구 할래?' 하고 말 걸어주는 같은 반 동급생 따위는 이제 없다.

내가 먼저 다가서지 않으면 만들어지지 않는 게 60 이후의 인간관계이기 때문이다.

✦ ✦ ✦

가장 중요한 것은 '혼자서도 잘 노는 법'을 배우는 것이다.

하고 싶은 것이 있을 때마다 친구를 불러낼 수는 없는 노릇이다. 자식들도 부모와 보내는 시간을 부담스러워한다. 그들도 그들의 삶이 있다.

전시회, 도서관, 음악회… 뭐가 됐든 자기 혼자서도 잘 다닐 수 있는 '혼자 놀기 능력'을 키울 필요가 있다. 교양과 품격을 기르지 않으면 금세 '협소한 시야의 노인'이 되고 만다.

TV 연속극이나 아침 방송 등에서 흘러나오는 값싼 정보와 세속적 가치관에 자꾸만 잠식되다 보면, 그렇고 그런 노인이 되어 버리는 건 시간문제다.

자꾸만 굳어지는 편견에서 벗어나기 위해 노력하고, 편한 것만 추구하려 하는 몸과 뇌를 자극해야 노년에 귀티 나는 삶을 살 수 있다.

60이 넘으면서 흔한 친구 관계를 개선할 수도 있다. 이제 학연, 지연, 혈연으로 맺어진 관계에서 벗어나, 스스로 개척하는 관계를 만들어갈 수 있는 나이다. 공통의 철학, 관심사, 문화적 교양, 취미 등으로 더 깊은 교감을 나눌 대상을 만날 수 있다. 용기만 내면 된다.

나이가 들면 고집이 세져서 새로운 사람에게 맞춰 적응하기 힘들다는 생각 따위는 버리자.

오히려 온갖 세상의 풍파를 겪으며 성숙하고 포용력이 넓어진 마음으로 서로의 의견을 존중하는 깊이 있는 인간관계를 맺을 수 있다.

황혼에 들어서서 영혼의 단짝 친구나 연인을 만날 수 있다면 더욱 반가운 일이 아닌가?

젊은 사람들과 어울릴 때 꼭 피해야 할 두 가지

✧

앞에서 외모 나이가 늙지 않으려면, '의욕을 잃지 않는 것'이 중요하다는 얘기를 줄곧 했다.

그러기 위해서 젊은 사람들과 어울리는 시간을 종종 갖는 것이 좋다. 젊은 감각을 엿볼 수 있고, 무엇보다 젊은 기운으로 활력이 생긴다. 그런데 사실 나이가 들면 젊은이들과 어울릴 수 있는 기회가 별로 없다.

내 경우는 아직 가르치는 대학생들과도 교류하지만, 그들과도 교수-학생 관계이므로 허물없이 지내기는 쉽지 않다. 하지만 젊은 교직원이나 출판사 편집자와 회식한다든지 노래방에 간다든지 하는 식으로 교류할 일이 꽤 있다. 그럴 때면 꼰대처럼 굴지 않으면서 분위기에 맞추려 노력한다.

✦ ✦ ✦

나이가 들어 젊은 사람들과 어울릴 때 꼭 피해야 할 두 가지가 있다.

첫째, 무작정 젊은이들에게 맞추려고 젊은 척하는 모습이다. 요즘 유행한다는 최신곡을 익히거나 안무를 배워서 따라 한다? 글쎄, 얼마나 젊은 감각으로 잘 해낼지는 모르지만 대개 역효과가 나기 십상이다.

정말 관심이 있다면 모를까 억지로 요즘 인기 있는 게임이나 젊은 사람들이 좋아하는 음악을 익힌다고, 젊은 감각이 되는 것은 아니다.

어디까지나 내 모습 그대로를 소박하게 보여주면 된다. 다만 노래방에서 '마이 웨이'를 부른다거나, 젊은이들이 고루하거나 낡았다고 여길 만한 것을 고집하는 건 곤란하겠지만.

요컨대 나이 든 사람의 미덕은 입은 덜 벌리고 지갑은 더 여는 것 아닌가?

둘째, 내가 얼마나 경험이 풍부하고 많이 아는지 떠벌리는 소위 맨스플레인(mansplain, 아는 척 설명하거나 가르치려는 태도)으로 위화감을 조성하는 모습이다.

나이가 들면 이상하게 말이 많아진다. 재미도 없고 감동도 없는데 자꾸만 자기 왕년의 이야기나 얕은 지식 자랑을 늘어놓는다. 벼락공부로 익힌 지식, 자세히 알지도 못하면서 억지로 젊은 사람들에게 호감을 살 만한 이야기 하려고 애쓰는 것은 오히려 '딱한 행동'으로 비칠 뿐이다.

'어른의 교양⋯'이라든가 '모르면 창피한⋯' 같은 제목의 교양서에 나올 법한 지식을 과시하는 것도 별로 좋은 인상을 주지 못한다. "내가 살아보니까⋯' 하고 어설픈 삶의 지혜를 늘어놓는 것도 재수 없기는 마찬가지다.

젊은이 측에서 고민을 털어놓고 조언을 구한다면 모를까, 관심도 없는 얘기를 늘어놓을 필요는 없다. 스마트폰으로 검색하면 그 정도의 지식은 금방 얻을 수 있는 시대다.

젊은 사람들은 오히려 책에 적혀 있지 않은 지식, 평범한 사람은 해 보지 못할 경험에 더 흥미를 품을 것이다. 그것을 풀어낼 수 있느냐 아니냐는 지적인 사람과 그렇지 못한 사람을 나누는 갈림길이 된다.

보고, 그 특징이 무엇인지 생각해 보라. 아마도 대화하기 싫은 사람은 이런 유형일 것이다. '같은 얘기를 반복하는 사람', '같은 얘기라도 지루하고 재미없게 하는 사람', '오랜만에 만나도 레퍼토리에 변화가 없는 사람', '좋고 감동적인 얘기보다는 남의 뒷담이나 험담을 주로 하는 사람'….

안타깝게도 이제부터 경주는 시작되었다. 당신은 전자에 속할 것인가 후자에 속할 것인가? 아쉽게도 열심히 노력하지 않는 한, 후자의 구렁텅이에 빠지기 쉽다. 60부터 부쩍 그렇다.

앞서 설명했듯이 전두엽이 쇠퇴하기 시작해 의욕이 감퇴한다. 남성 호르몬이 줄어들어 성적 매력이 떨어지고 젊은 외모로 버틸 수 있는 시기도 아니다.

승진이나 고과에만 목을 매고 좁은 직장 문화에 한정되다 보면 시야도 좁아진다. 그러다 퇴직까지 하게 되면 내놓을 명함도 없어 부쩍 초라하다. 어떻게든 자기를 과시하려는 생각에, 자꾸만 과거 얘기에 매몰된다. 남의 얘기를 듣거나 자기 얘기에 어떻게 반응하는지 제대로 관찰하지 않고 그저 입에서 나오는 대로 말한다.

그러다 보면 어느새 '대화하기 싫은 사람'이 되고 만다.

이야기를 잘하려면 경험을 잘 쌓아야 한다. 마치 청중 앞에서 강연하듯, 스스로 말버릇을 잘 가다듬을 필요가 있다. 나오는 대로 말하지 말고, 연습하며 다듬어서 말한다.

한두 번 좋은 반응을 얻지 못했다고, 포기해 버려선 안 된다. 누구도 처음부터 말 잘하는 사람은 없다. 사람들한테 인기가 있는 사람들은 성공을 통해 자기 화술을 자꾸만 다듬어 간다.

잘 먹힌 화술을 계속 사용하면 더욱 잘하게 되고, 사람들이 좋아하도록 이야기하는 요령을 점점 더 파악하게 된다. 그 뒤로는 자연스럽게 사람들이 관심을 보이도록 이야기할 수 있게 된다.

나 역시 경험을 많이 쌓은 덕분에 강연회에서 청중의 관심을 끄는 데 실패하는 일이 여간해서 거의 없다. 그런 나도 가끔은 실패한다. 책도 강연과 비슷하다. 사람들이 관심 가질 만한 이야기를 잘 풀어서 쓰는 게 핵심이다. 잘 팔리는 책과 사람들이 좋아하는 이야기는 어찌 보면 같은 맥락에 있을지 모른다.

내 책이 잘 팔리긴 하지만, 예전에 출간한 것 중 전혀 팔리지 않은 책도 있다.

그때 쓴 책을 지금 다시 보면, '이렇게 지루하게 썼으니 안 팔리는 게 당연하지.' 하고 반성하게 된다.

출판사는 대개 1~2만 부 정도 팔리면, 최소 목표를 달성했다고 판단한다. 내 책의 경우 백만 부 이상 팔린 것도 있고 그보다 못한 것도 있지만, 요즘 들어서 출판사에 손해가 된 책은 아예 없다. 이런 수준을 유지할 수 있는 것은 책을 많이 써 온 덕분이다. 요컨대 '경험을 쌓은 덕분'이다.

✦ ✦ ✦

두세 명 정도 혹은 한 명과 대화하는 것은 모두 소중한 연습 기회다. 그러므로 두세 명 정도와 대화할 때도 이야기할 주제를 사전에 생각해 놓고, 시뮬레이션한 다음에 임하는 것이 좋다.

'편한 마음으로 대화하는 데 그렇게까지 해야 하나?' 반문할지 모른다. 하지만 사람들이 지루해하거나 대화하기 꺼리는 사람일수록, 이런 방법으로 자기 화술을 정교하게 다듬을 필요가 있다.

그렇지 않으면 60 이후에 아주 외롭거나 사람들이 관계를 맺기 힘든 사람이 될 수 있다. 다행인 것은 경험을 쌓을수록 사람들이 당신의 이야기를 얼마든지 재미있어하게 된다는 점이다. 상대방이 흥미를 보이면 이야기하는 것이 더 즐거워진다.

경험을 쌓을 좋은 장소 중 하나가 술집이다. 실제 술집에 모여 술을 마시는 노인들은 활기가 넘치고 젊어 보인다. 집에서 혼자 술을 마시면 알코올 의존증에 걸리기 쉽지만, 누군가와 함께 마시면 그런 경향이 낮아진다.

또한 술집에서 여럿이 대화할 때는 '웃음을 의식하는 것'이 중요하다.

웃음은 소통을 원활히 할 뿐만 아니라 전두엽을 자극하고 면역력을 높이는 효과까지 기대할 수 있다. 단백질이 풍부한 안주를 먹으면 뇌와 몸의 노화도 막을 수 있다.

뇌와 몸이 젊어지니 일거양득인 셈이다. 부담 없이 대화 경험도 쌓을 수 있고, 지적이고 멋지게 보이고 싶은 사람이라면 좋은 화술 훈련장이 되어 준다.

똑똑한 사람은 하수,
궁금한 사람은 고수

호감 가는 사람이 되기 위해 내가 늘 권하는 것이 있다.

하나는 노화하는 전두엽을 활성화하는 습관을 평소 가지라는 것이다. 금기나 편견을 깨고 젊은 정신으로 자기를 바꿔 가는 것은 누구나 필요하다. 뇌가 젊어야 마음이 젊고 대화 주제도 젊게 되고, 무엇보다도 외모 나이가 젊어진다.

내 경우 매일 밤, 혼자서 말도 안 되는 상상을 하고 글로 끄적이기도 한다. 무엇도 좋다. 내일 당장 내가 총리가 되어 나라를 경영하게 된다면 무엇을 바꾸지? 투명 인간이 될 수 있다면 어디에 가서 무엇부터 하고 싶을까? 과거보다 한결 인기가 떨어진 한 가전 대기업의 사장을 전격적으로 맡게 된다면 뭐부터 하면 좋을까?

현실적인 상상부터 비현실적인 상상까지 두루 하면서, 키득거리며 재밌는 얘기를 궁리한다. 때로는 남한테 말할 수 없는 바보 같은 상상도 있지만, 뭐 어떤가? 내 머릿속으로 하는 것이니 문제 될 리 없다.

또 하나 젊어지는 연습은 자기만의 박사 학위 분야를 만드는 것이다. 그러니까 '히데키 박사 학위' 같은 자기가 스스로 수여하는 학위를 만든다.

분야는 자기가 좋아하는 것이면 좋다. 내 경우는 와인, 그리고 최근 들어서는 라면을 열심히 연구하고 공부하는 중이다. 내가 만든 학위이니 커리큘럼도 내가 짜면 된다. 학위 수여 기준은 여타의 박사 학위처럼, 모종의 형식에 맞춘 논문 통과다.

논문은 아무한테도 보여주지 않는 자기만의 노트에 써도 좋겠지만, 동기부여가 되려면 블로그나 SNS 등에 게재하는 게 더 좋을 것이다. 이렇듯 새로운 정보와 지식을 자꾸 쌓아가다 보면 어느새 그 분야의 전문가가 되어 있을지도 모른다.

필요한 영문 자료를 보기 위해 영어 공부를 열심히 한다든가, 필드 연구를 위해 현장을 찾는 여행을 할 수도 있다. 세간의 박사 학위가 남에게 내세우기 위한 것이라면, 자기만의 박사 학위는 자기만족을 위한 것이다.

✦ ✦ ✦

이렇듯 의욕을 갖고 계속 변화하는 사람은 화제가 풍부할 수밖에 없다. 잘난 척하기 위해 배운 지식이 아니라 진짜 좋아해서 쌓은 지식이라면, 상대에게 더 재밌게 느껴지도록 잘 이야기할 수 있다.

이렇게 재밌는 이야깃거리를 가진 사람이라면, 다음에 만날 때는 또 무슨 이야기를 들려줄까 기대하게 된다. 그것만으로 매력적인 이성, 어른, 노인으로 기억된다.

집 밖으로 나가 새로운 사람을 만나라

✧

40대부터 70대까지 중장년 여성들한테 두루 인기 있는 직종의 남성들이 있다.

첫째, 스포츠센터의 남자 강사다. 수영, 테니스, 헬스 등 몸을 만드는 법을 친절하고 정성껏 가르쳐 주는 젊은 남성은 인기가 많다.

둘째, 문화센터 남자 강사다. 노래교실, 매너, 삶의 자세에 이르기까지, 입담과 유머로 무장한 인기 강사들의 몸값은 하루가 다르게 치솟고 있다.

비단 교양 정보를 알려주는 것뿐 아니라, 이 나이 여성들이 느끼기 쉬운 결핍과 외로움을 잘 이해하고 가려운 데를 긁어준다. 이러한 문화센터 유명 강사들은 여성 수강생들 사이에서 상당히 인기가 많다고 한다.

나도 그런 열광의 도가니를 직접 목격한 적이 있다. 아마도 강의가 끝나고 뒤풀이하는 자리였던 모양이다. 세련된 분위기의 카페였는데, 지적인 느낌이 물씬 풍기는 60~70대 남성 강사를 50~70대 여성 십여 명이 둘러싸고, 같이 차를 마시면서 즐겁게 이야기를 나누고 있었다.

여성들은 지성이 넘치는 선생님의 이야기를 설레는 표정으로 듣고 있고, 강사도 여성들에게 잘 보이려 애쓰는 느낌 없이 고상한 태도를 유지했다.

그곳에 모인 여성들은 외모도 젊어 보였다. 지적 대화를 즐기는 동시에, 이성에게 설렘을 느낄 수 있기에 그런 것은 아니었을까 짐작해 본다. 그 모습을 보면서 나도 조금은 부럽다고 느꼈다.

✦ ✦ ✦

당연한 이야기이지만, 여성도 이성이 있는 모임에 참가하면 젊어 보인다. 그런데 여성들만 있는 모임에만 참여하는 여성이 젊어 보이지 않는 이유는 무엇일까?

남성은 여성보다 평균 수명이 짧다. 그래서 반려자와 사별해 독신이 되는 경우는 여성이 압도적으로 많다.

그렇게 독신이 된 여성들이 친구들과 자주 모여서 수다를 떤다. 레퍼토리는 대개 비슷비슷하다. 그런 모임에서 지적인 관심사나 고상한 주제의 대화가 오가는 일은 별로 없다.

혹자는 동성 친구들과 모여서 수다를 떠는 여성들의 모습을 보고 그나마 다행이라고 여길지 모른다. '남편은 없지만 그럭저럭 잘 산다', '자기만의 방식으로 인생을 즐긴다' 하고 생각할지 모른다.

그런데 그것은 선입견이 아닐까 싶다. 남성이든 여성이든 그럭저럭 소일하는 것보다, 자신을 자극하고 의욕을 북돋울 누군가가 필요하다. 대개 이성이 그런 대상이다.

핵심은 잘 보이고 싶고 나를 꾸미고 싶다는 욕구가 일어나야 한다는 것이다. 그런 대화 상대, 데이트 상대가 없는 일상에서 노인은 금세 늙는다.

노인들도 새로운 사랑을 갈망한다. 애초에 그런 마음이 전혀 없는 사람은 거의 없을 것이다. 딱히 재혼이 목적은 아니

더라도, 멋지다고 생각하는 이성과 만나는 일은 언제나 중요
하다.

✦ ✦ ✦

이성과 대화를 나누면서 설렘을 느끼는 것은 성호르몬을
활성화하고 외모를 젊게 만들기 위해 가장 중요한 요소다.
중장년일수록 이성과 지적인 대화를 나눌 수 있는 다양한 클
럽 등에 참여할 기회가 주어져야 한다. 여성도 마찬가지다.
교양 있는 호스트가 나오는 여성 전용 클럽이 있다면 인기를
끌지 않을까 상상도 한다.

문화센터가 되었든 스포츠센터가 되었든, 멋지다고 생각
하는 이성과의 교류가 가능한 곳을 계속 찾아가기를 바란다.
더 나아가서 소개팅 앱 같은 것을 통해서 이성 친구를 만나
는 것도 좋다. 결혼이 전제가 아니라도 대화를 나누고 시간
을 보낼 수 있다면 어떤 형태든 피할 이유가 없다. 친구 대행
서비스 등을 통해 지적인 소통이 가능한 이성 친구와 시간을
보내도 좋다. 마음에 드는 방법을 선택해, 삶에 활력을 불어
넣기를 바란다.

품격 있는 삶을 위한
인간관계의 기본 법칙

　나는 어렸을 때부터 공부는 꽤 잘했지만 요즘 말하는 ADHD (주의력결핍 과잉행동장애) 혹은 자폐 스펙트럼에 해당하는 증상이 있었다.

　확실히 기억은 안 나지만, 대화할 때도 굉장히 산만했던 모양이다. 그래서 부모님은 내가 정신 연령이 꽤 떨어지는 아이인 줄 알았다고 한다. 그런 전력도 있다 보니, 성인이 된 뒤로 나에 대해 오해받지 않고 사람들에게 참모습을 제대로 보여주기 위해 어떻게 하면 좋을지 열심히 궁리하게 되었다.

　니혼대학교 하야시 마리코 이사장은 자신의 책에 나에 관해 이렇게 썼다.

　"지금의 와다 선생을 생각하면 믿기 어렵겠지만, 성격이 까탈스러운 탓에 의사로 고용하는 병원이 없었다. 그래서 와다 선생은 어쩔 수 없이 본인이 원치 않던 노인 의료에 종사하게 되었다고 한다. '그곳에서 저는 아무리 돈이 많든 지위가 높든, 성격이 고약해서 미움받는 노인은 누구도 문병 오지 않는 현실을 목격했습니다. 가족조차 찾아오지 않더군요.

그 사람의 진가는 나이를 먹은 뒤에 드러나는 것입니다.' 그 뒤로 와다 선생은 자신의 성격을 철저히 수정했다고 한다."

✦ ✦ ✦

노인 의료에 몸담게 된 이후로 내가 많이 바뀐 것은 사실이다.

나는 여전히 최대한 겸손해지려 노력하고 있다. 생각해 보면 의사도 서비스업이므로, 낮은 자세로 고객을 대하는 것은 당연한 일이다. 애초에 나는 오사카 상인 특유의 기질을 이어받았다.

오사카에는 이런 격언이 있다. "고개를 숙이는 데는 돈이 들지 않는다!" 할아버지도 종종 말씀하셨다. "아무리 바보라도 듣기 좋은 말을 싫어하는 사람은 없단다."

과거 오사카인들은 돈만 벌 수 있다면 누구에게든 고개를 숙였다. 오사카 상인이란 그런 존재다. 훗날 고개 따위 숙이지 않는다는 에도(江戶) 무사들이 오사카에 들어와 장사를 시작하자, 그들의 태도를 '무가의 상법'이라며 무시했다.

그런데 지금의 오사카는 오히려 무가의 상법을 상징하는 곳이 되었다. 우리에게 돈을 벌어주는 사람에게 오히려 고압적으로 군다. 특히 오사카 정치가나 연예인이 연이어 중국 등 동아시아 국가에 고개를 뻣뻣이 쳐드는 태도를 보였다. 그런 이유로 동아시아 사람들은 오사카의 동네 평범한 사람들조차 싫어하게 되었다. 한국, 중국 관광객에게 외면받게 된 것이다. 그 결과, 현재 오사카의 경제 규모(GDP)는 아이치현에 추월당했을 뿐만 아니라, 후쿠오카현에도 맹추격 당하고 있다.

◆ ◆ ◆

내 인간관계 기본 법칙은 오사카 상인처럼 하는 것이다. 고객인 환자에게 고개를 숙이고 낮은 자세로 임한다. 그러나 너무 비굴해 보이거나 미련해 보이지는 않도록 주의한다.

아무리 친절한 의사라도 바보이거나 미련해 보인다면 환자는 불안해할 것이다. 애초에 의사라는 직업은 현명해 보여서 손해 볼 일이 없다. 그래서 나도 그렇게 보이도록 노력한다. 그런 노력의 결과일까? 조금씩 겸손하면서도 지적인 사람으로 보이게 되었다고 자부한다.

노인의 태도 역시 이 정도면 좋겠다. '내가 이 나이에…' 하는 고압적인 태도로는 사람을 얻을 수 없다. 내게 좋은 것을 주는 사람이라면 누구에게든 고개를 숙이고 가르침을 청할 수 있다면 좋겠다. 다만 비굴하거나 미련해 보일 필요는 없다.

말투가 매력적인 사람이 되려면

외모의 젊음은 얼굴의 주름이 있느냐 없느냐 혹은 머리카락 색깔이 희냐 검으냐로 결정되지 않는다. 지적인 대화를 할 수 있느냐 없느냐도 '외모'에 반영된다. 대화에 관해서는 말씨 등도 매우 중요하다.

사람들 앞에서 매력적으로 이야기하기 위해서는 말하는 법을 연습할 필요가 있다고 했다. 나이 들수록 더욱 그렇다.

코로나 이전에는 텔레비전에서 유명인의 장례식을 생중계하곤 했다. 그곳을 방문한 유명인이 조사(弔辭)를 낭독하는데, 대부분은 매우 감동적이다. 이유는 하나다.

모두 꼼꼼히 원고를 준비하고 수없이 리허설을 하기 때문이다. 특별히 개성이 넘치는 조사는 낭독하는 본인이 원고까지 직접 쓴다.

배우이자 '오소마츠군', '비밀의 아코짱' 등의 작가인 만화가 아카츠카 후지오(赤塚不二夫, 1935년~2008년)의 장례식에서 코미디언이자 제자인 MC 타모리(본명 모리카 카즈요시, 1945년생)가 낭독한 조사는 굉장히 화제가 되었다.

타모리는 개그 만화가인 아카츠카의 자택에서 더부살이를 하면서 개그의 소재도 얻고 실력을 갈고닦았다. 오늘날의 자신이 있기까지 인생에 빼놓을 수 없는 은인을 잃게 된 것이다. 그는 스승의 마지막 가는 길을 이런 말로 떠나보냈다. "저 역시 당신의 수많은 작품 가운데 하나입니다."

✦ ✦ ✦

그런데 요즘 들어 사람들 앞에서 연설하는 것이 자기 일의 전부라 할 만한 정치인들조차 연설에 앞서 리허설을 하지 않는 듯하다. 자기 연설문을 직접 쓰는 것은 고사하고 검토나 하는지 의아할 정도다.

2021년 히로시마 평화 기념식에서 당시 총리이던 스가 요시히데는 인사말 중 일부를 건너뛰어 큰 비난을 받았다. 그 일을 두고 스가 총리는 "원고 일부가 풀로 붙어 있어서"라는 변명 아닌 변명을 했다. 여러 장으로 된 원고가 흩어지지 말라고 풀로 붙였는데, 그중 하나가 완전히 붙어버려 건너뛰고 말았다는 것이다. 이게 대체 말이 되는 해명인가?

애당초 원고에 적힌 내용을 이해하고 충분히 연습한 다음 읽었다면 몰랐을 리 없다. 뭔가 잘못됐다는 걸 바로 깨닫고 정정했을 것이다. 그런데 아무 생각 없이 그저 적힌 대로 읽다니, 정치인으로서 있을 수 없는 일이다.

어느 새부턴가 정치인조차 연설 비서관 등이 쓴 원고를 앵무새처럼 읽는 게 당연해졌다. 그래서야 듣는 사람의 마음에 와닿을 리가 없다. 대체 왜 리허설을 하지 않는지, 신기할 따름이다. 일본어의 경우 한자를 잘못 읽는 사고도 왕왕 발생한다.

자기가 쓴 연설문조차 여러 번 리허설을 해서 완벽하게 만든다. 글로 쓴 것과 그것을 말로 했을 때의 뉘앙스가 달라지기 때문이다. 그런데 자기가 쓰지도 않은 원고를 리허설조차 없이 읽는다니, 용감하다고밖에 할 말이 없다.

이름 정도는 들어봤을지 모른다. 그는 전문 소믈리에가 아니며, 원래 직업은 변호사다.

변호사 3년 차가 되었을 때 그는 동료들과 '샤토 마고'라는 보르도산 고급 와인을 처음 마셨다. 첫 모금을 마신 순간, 동료들이 일순 침묵에 빠졌다. 파커는 일갈했다. "자네들이 무슨 말을 하고 싶은지 알겠어. 맛이 없지?"

파커가 그렇게 말한 데는 이유가 있었다. 맛이 강한 미국 와인에 익숙한 사람들 입맛에 샤토 마고는 어딘지 밍밍한 느낌이다. 게다가 뚜껑을 연 다음 곧바로 마셨기 때문에, 디캔팅 즉 와인과 공기가 만나는 과정이 생략되어 맛이 있을 리 없다. 게다가 당시였던 1970년대 보르도 와인은 포도 질이 떨어지는 해가 많아 품질이 높지 않았다. 이것을 종합하면 그때 마셨던 샤토 마고가 맛이 없었다는 걸 충분히 상상할 수 있다.

파커는 프랑스의 고상한 와인 비평가의 입맛이 아니라, 자기들처럼 문외한인 미국 사람들 입맛을 기준으로 '와인에 점수를 매기자!'라고 착안했다.

그런 다음 〈와인 애드버킷(Wine Advocate)〉이라는 와인 비평 잡지를 만들어 직접 점수를 매겼다. 애드버킷이란 대변자 혹은 변호인이라는 의미로, 최초의 와인 품평지였다. '파커 포인트'라고 해서 100점 만점 기준으로 점수를 매기는 것이 특징이다.

흥미롭게도 파커 포인트가 높은 와인은 미국 서민 입맛에 잘 맞는다. 그래서 문외한이 맛있다고 여기는 와인 역시 가치 있다는 인식이 퍼졌고, 파커는 세계적인 와인 비평가가 되었다.

파커 이야기를 할 때 덧붙이면 좋은 일화가 하나 더 있다. 프랑스 와인 평론가들은 여전히 파커를 한 수 아래라고 여겼다. 그런데 그가 세간에 한 방 먹인 계기는 바로 남들과 달리 그레이트 빈티지 이어(great vintage year, 최고의 와인 생산 연도)를 정확히 맞힌 것이었다.

1970년대에 보르도 포도는 질이 좋지 못했다. 1974년, 1975년, 1976년, 1977년… 연이어 작황이 좋지 않았고 와인 맛도 떨어졌다. 1980년과 1981년도 마찬가지였다. 상황이 그러니 1982년 와인이 맛있으리라 기대한 사람은 아무도 없었다. 오로지 파커만이 한 모금 마시고는 1982년 와인을 극찬했고, 실제 그 해는 그레이트 빈티지 이어로 판별되었다. 비평이 정확히 명중함으로써, 프랑스의 콧대 높은 비평가들조차 더 이상 그를 무시할 수 없게 되었다.

✦ ✦ ✦

자, 어떤가?

이렇게 이야기를 하면, 와인에 전혀 관심이 없던 사람도 흥미롭게 들을 수 없다. 요컨대 처음 고급 와인을 마셨을 때 그 맛이 기대와 너무 달라서, 오히려 그걸 계기로 뛰어난 와인 비평가가 된 사람의 이야기다.

그런데도 여전히 와인 얘기를 하면서, 우안이 어떻고 좌안이 어떻고 토지와 포도의 상관관계가 어떻고 하는 어려운 얘길 늘어놓는 사람이 많다. 와인을 좋아하는 사람이라면 모르겠지만, 흥미가 없는 사람은 따분할 수밖에 없다.

어떻게 해야 상대가 지루해하지 않고 이야기를 들어줄 것이냐! 이것은 나처럼 강연을 업으로 삼는 사람에게는 매우 중요한 문제다. 또한 나이가 들수록 사람들이 대화에 끼워주고 싶어 하는 사람에게도 매우 중요한 이슈다. 같은 얘기라도 어떻게 흥미로운 스토리를 구성하느냐에 따라 전혀 다른 반응을 얻을 수 있다.

안 팔리는 변방 학자가
인기 있는 까닭은?

학창 시절 친구 중에서 내가 제일 명석하다고 생각하는 사람은 중·고등학교를 함께 다녔던 나카타 고(中田考, 1960년생)다. 그는 도쿄대학교를 졸업한 다음 이집트 카이로로 유학을 해서 이슬람 철학을 공부하고 개종한 뒤, 하산이라는 아랍 이름을 스스로에게 붙였다.

이슬람 법학자로서 수염을 길게 기른 속세를 벗어난 듯한 외모로, 젊은이들 사이에도 팬이 많다.

한번은 그가 내게 장난처럼 말했다. "책이 50만 부 넘게 팔리다니 굉장하네. 내 책은 3천 부가 고작인데….".

3천 부 팔리는 책을 쓰고 작가로서 먹고 살기란 쉽지 않다. 대학 교수로 일하기도 했지만, 이후론 줄곧 별다른 직업 없이 살아온 그다. 그런데 사정을 물어보니 팬들의 도움과 기부로 먹고산다고 한다. 심지어 팬들이 집 앞에 음식을 놓고 가기도 한단다.

✦ ✦ ✦

그의 주변에는 늘 다양한 팬이 모인다. 제자 중에는 사업 등 여러모로 돈을 잘 버는 이들도 많은데, 그렇게 번 돈을 그에게 자청해서 기부한다는 것이다. 진담인지 농담인지는 알 수 없지만, 얼마 전에 만났을 때는 골드바를 받았다는 얘기까지 들었다.

그는 이슬람교에 귀의한 까닭에 '목숨은 신(알라)이 정하는 것'이라고 여겨 절대 병원에 가지 않는다. 하여간 재미있는 일화가 넘쳐나서, 이야기를 시작하면 한도 끝도 없을 만큼 화제가 풍부하다. 그런 만큼 잘 팔리지 않는 책이지만 여전히 열심히 쓴다.

그의 책《13세부터의 세계 정복(13歳からの世界征服)》은 제목처럼 13세 아이도 읽을 수 있을 만큼 쉬운 책이다. 거기엔 그의 사고방식이 응축되어 있다. 어려운 말 하나 없이 온갖 세계의 교양을 재밌게 소개한다.

책은 나카타 선생님이 아이들의 고민에 답하는 형식으로 되어 있다. '인생 고민' 단락 중에는 "왜 자살하면 안 되나요?"라는 질문도 있다. 답변 중 일부를 소개한다.

"'사람을 죽여서는 안 된다'라는 명제에 근거가 없듯, '자살해선 안 된다'라는 명제에도 근거는 없습니다. 죽고 싶으면 죽어도 됩니다. 자살하고 싶은 사람에게 '그래도, 사람은 살아야지.'하고 말하는 사람이 있습니다. 그런데 그것은 저 주일 뿐입니다. 그 말을 하는 사람은 자기가 죽는 게 싫으니, 다른 사람도 그럴 거라 짐작할 뿐입니다. '사는 것은 가치 있 다'라는 자기의 가치관을 지키기 위해 타인의 자살을 만류합 니다. 아무리 '살아야 한다'고 한들, 사람은 누구나 언젠가 죽 습니다. 그러니 할 수 있는 말은 이것 아닐까요? '자살 안 해 도 언젠간 죽어, 그러니 그때까지 기다리는 건 어때?'"

✦ ✦ ✦

나카타는 젊은 사람이 많이 고민하는 문제에 대해 늘 이런 식으로 자기만의 독특한 대답을 한다.

자신의 지식을 과시하지 않고 깨달음을 통해 얻은 바를 솔 직히 말해 준다. '모르면 창피한…' 같은 부류의 교양서와는 전혀 다르다.

이론만 가득한 교양을 훈계하듯 가르친들, 듣는 쪽은 따분 하게 느낄 뿐이다. 나카타의 책뿐 아니라, 교양의 소재는 세 상 어디나 곳곳에 숨어 있다. 찾을 때의 비결은 되도록 '고상 한 것'으로부터 거리를 두는 것이다.

대화의 소재는
의외의 곳에 가득 하다

사람들이 모르는 대화 소재는 생각지도 못한 곳에 있게 마련이다. 이를테면 일반인은 읽지 않는 전문지 혹은 업계지 등도 그중 하나다.

믿어지지 않겠지만, 사찰 주지들을 위한 전문지인 〈월간 주지(月刊住職)〉라는 잡지가 있다. 무려 1974년에 창간되었다. 당시 발행사가 도산해서 1998년 잠깐 폐간되는 위기를 맞기도 했다. 그런데 기존 편집진이 새로운 출판사에서 발행을 재개했고, 2013년 12월부터 다시 원래의 제목으로 발행되고 있다.

나는 2000년 초반에 이 잡지의 경쟁작을 만들고 싶다는 회사가 수필 기고를 요청하는 바람에, 이런 잡지가 있다는 것을 처음 알게 되었다. 그런 기회가 없었다면 평생 정체를 모르고 살았을 것이다.

이 잡지 표지에는 '사찰 주지 실무 정보지'라는 카피가 쓰여 있다. 사찰 경영부터, 절을 지역 교류의 장으로 만들기 위한 아이디어, 절을 재해 피난처로 삼을 때의 문제점 등 주지에게 도움이 될 만한 정보가 가득 담겨 있다.

2023년 1월호 목차를 보자. '장례식을 치르지 않고 화장만 절에서 마친 신도를 주지는 어떻게 대해야 할 것인가?', '법요를 행하는 승려에게 생기기 쉬운 소음성 난청의 위험성과 예방법', '유산을 사찰에 기부하고 싶은 사람을 위한 실무' 등의 기사 제목이 나열되어 있다.

게다가 알찬 부록까지 있다. 바로 '주지를 위한 설법 특집'이다. 주지야말로 사람들 앞에서 대화할 만한 소재가 많이 필요한 사람이다. 늘 같은 절에서 정해진 일과에 따라 수련하니, 특별한 에피소드가 생기거나 접하기가 쉽지 않다.

혹여 절마다 서로 다른 주지들이 같은 소재의 이야기를 하는 경우가 있다면, 아마도 이야기의 출처가 이 잡지일 공산이 크다.

✦ ✦ ✦

잡지는 국내 소식뿐 아니라 국제 정세까지도 폭넓게 다룬다.

우크라이나와 러시아 간의 전쟁도 빼놓을 수 없는 소재다. 2022년 6월호 부록에는 '우크라이나의 현재 상황을 근심하면서 말하면 좋을 명언'이라는 특집이 실렸다.

잡지 내용 중에는 일반인이 대화 소재로 활용할 만한 것이 무궁무진하다. 2023년 1월호에는 '주지가 참배객용 화장실을 철거한 까닭'이라는 기사가 실렸다. 등산 코스 내에 속한 사찰 화장실을 이용하는 등산객들의 매너가 엉망이라서, 어쩔 수 없이 화장실을 철거했다는 내용이다.

화장실은 여성 신도 중 하나가 아름답게 만들면 더럽게 쓰지 않을 것이라는 기대로 큰돈을 기부해 다시 만든 것이었다. 도시 건축상을 받을 만큼, 디자인이 아름다운 화장실이었다. 그런 화장실을 없애게 되었으니 주지 입장에도 마음이 아팠을 것이다.

기사에는 주지의 말이 자세히 실려 있다. "일부 사람들의 나쁜 매너가 변하지 않았습니다. 세면장 수도꼭지를 망가뜨리고 화장지를 가져가고…. 누가 남겼는지 알 수 없는 오물을 열심히 청소했지만, 지저분해진 직후 이용한 사람이 '화장실이 더럽다.'라며 SNS에 올린 것을 봤을 때는 너무 안타까웠습니다."

이렇듯 이 잡지에는 일반인이 읽어도 재밌고 사람들이 흥미를 느낄 만한 이야깃거리가 다양하게 담겨 있다.

어쩌다 보니 알게 된 승려 전문지가 내게는 좋은 대화 소재가 되어 주었다. 좋은 점은 너도나도 다 아는 얘기가 아니라서 특별한 희소성이 있다는 것이다. 그러니, 사람들이 눈여겨 보지 않는 곳에서 당신 역시 재밌는 얘기를 찾아보는 건 어떨까?

팔리지 않는 책에 화술 비결이 숨어 있다

스스로 재미있는 일화를 만들어갈 수 없다면, 재미있는 대화 소재를 찾아보는 노력을 해야 한다. 요즘엔 주로 인터넷이나 TV 등에서 대화 소재를 찾게 되는데, 그렇게 하면 다른 사람과의 차별성을 만들기 어렵다.

책에서 대화 소재를 찾으려면, 역시 오프라인 서점엘 가는 게 최고다. 대형 서점 판매대나 베스트셀러 코너 말고, 책장에 빼곡히 꽂혀 있는 책 중에서 제목이 재미있어 보이는 걸 골라보자.

대화 소재로 써먹을 수 있겠다 싶은 책이 있으면, 사거나 내용 중에서 흥미로운 것을 발췌해 '나만의 소재 노트'에 옮겨 적는다. 가령 잘 팔리는 책은 아니라 해도, 대화의 소재로 써먹을 수 있을 법한 흥미로운 내용이 담긴 책은 얼마든지 있다. 그런 책을 찾아보기 바란다.

✦ ✦ ✦

나는 인터넷 서점에서 책을 찾을 때, 평점은 낮더라도 왠지 재미있을 것 같은 책을 일부러 찾아본다. 아마존 독자평 '별 1개' 혹평 일색의 책을 찾아보는 것도 방법이다.

'별 1개' 리뷰가 많기도 쉽지는 않다. 요즘엔 출판사에서도 독자평에 신경을 쓰기 때문에, 나쁜 평가는 저만큼 뒤로 밀려나 있기도 하다.

그런데 별 1개 리뷰가 수십 개 달렸다면? 이른바 세상의 상식에서 벗어난 독특한 책일지 모른다. 정말로 읽을 가치가 없는 책일지 모르지만, 수십 명이나 되는 사람이 '이 책은 읽을 가치가 없다'는 말을 하기 위해 리뷰를 쓰는 번거로움까지 감수했다면 필시 무언가 있을 것이다. 그런 책에서 대화 소재를 끌어내 보기 바란다.

✦ ✦ ✦

　현실에서 다수는 자기만의 특별한 노력을 기울이지 않고도 재밌고 지적인 사람이 되기를 바란다. 인터넷이나 위키피디아 같은 데서 정보를 찾고 그걸로 대화의 소재를 찾으려한다. 하지만 그렇게 해서는 천편일률적인 수준을 벗어나기가 어렵다.

　특히 위키백과 같은 것을 사람들 다수가 참고하기 때문에, 똑같은 수준에 머물게 되고 만다. 그 결과 이야기가 재미없어지는 것이다. 그보다는 위키백과에는 이렇게 적혀 있지만 사실은 이런 것도 있다고 말할 수 있다면 더 멋져 보이지 않을까?

　앞으로는 챗GPT를 이용해 연설이나 대화의 내용을 만들려는 사람까지 나올 가능성이 있다. 소설이나 시도 쓸 수 있다고 하는 AI(인공지능)이므로, 연설 원고 같은 걸 쓰는 일은 식은 죽 먹기일 것이다. 그런데 나는 아마도 챗GPT가 쓴 원고는 재미가 없으리라 생각한다. '최대 공약수'에 해당하는 것으로, 말은 그럴듯하더라도 임팩트는 부족한 결과물이 나올 것이다.

　예전에 어디선가 들은 이야기인데, 미인 100명을 모아서 얼굴을 합치면 그리 예쁘지 않은 얼굴이 된다고 한다. 미인에게는 저마다의 특징이 있는데, 이것을 평균화하면 결과적으로 미인이 아니게 되는 것 아닐까 싶다.

매력적인 취미가 당신을 빛나게 한다

자기한텐 누구에게도 지지 않을 강력한 대화 소재가 있다면, 그것을 재미나게 풀어내면 된다. 가령 '노인은 IT에 약하다.'라는 것은 선입견에 불과하다.

현재 컴퓨터에 해박한 80대 중에는 PC가 마이크로컴퓨터이던 시절부터 컴퓨터를 만졌던 사람도 드물지 않다. 그러니까 컴퓨터계의 시조새인 셈이다. 최초의 컴퓨터가 어떤 원리로 개발되었으며, 21세기에 들어서기 전까지만 해도 어떤 컴퓨터가 어떤 일을 해냈는지 풀어내는 것도 흥미로울 것이다.

두 개의 커다란 디스켓을 넣는 구멍이 있어서 거기에 여러 장의 디스켓을 번갈아 넣으며 어떻게 컴퓨터를 작동시켰는지, 명령어를 어떻게 익혔는지, 처음 컴퓨터가 소개되었을 때의 웃지 못할 에피소드 등도 재밌게 펼쳐놓을 수 있다.

요령은 지루하거나 지식을 자랑한다는 느낌이 들지 않도록, 스토리를 가미해 듣는 사람이 즐겁게 풀어놓는 것이다. 유머 코드도 잊지 말고 몇 번의 리허설을 통해 자신감을 붙이는 것도 빼먹지 말자.

✦ ✦ ✦

최근 들어 아날로그 레코드 열풍이 다시 불면서, 진공관 앰프 등의 수요가 증가하고 있다. 젊은 시절 진공관 앰프가 취미였던, 오디오광 역시 지금의 70~80대다. 이들은 모던 재즈 레코드판을 잔뜩 소유하고 있을 공산이 크다.

영화의 경우, 누벨바그나 뉴 아메리칸 시네마, 1960~70년대 영화에 해박하다면, 젊은 영화광들의 존경을 받을 것이다.

✦ ✦ ✦

나이를 먹으면 주위 사람에게 맞추며 조용히 사는 것이 좋다고 여기는 풍조가 있다. 그러나 나는 좀 더 튀어도 된다고 생각한다. 그것이 외모의 젊음으로도 이어진다.

요는 젊은 시절에 빠져들었던 것이 있다면, 그것을 대화 소재로 삼아 보라는 말이다. 모던 재즈나 1960~70년대 영화는 젊은 팬도 많다. 그런 것을 실시간으로 경험해 봤다는 것은 엄청난 행운이다. 굳이 새로이 정보를 습득할 필요가 없다.

남은 것은 어떻게 그것을 듣는 사람들이 흥미를 느끼도록 풀어내느냐다. 그것을 열심히 궁리하는 사이, 그리고 젊은이들과 접하면서 그들의 관심사와 열망을 나누는 사이, 어느새 당신의 외모 나이는 한결 젊어져 있을 것이다.

CHAPTER 05
60부터는
젊어 보이는 사람이 수명도 길다

건강한 60이 많아지면
사회가 행복해진다

안타깝게도 일본 사회에는 '고령자가 스스로 젊게 보이려 노력하는 것'을 폄훼하는 분위기가 있는 듯하다.

애써 젊게 보이려 노력하지 말라는 일종의 사회적 압력 같은 것이 느껴질 정도다. 보톡스로 주름을 없애면 성형했다며 수군거리고, 열어진 머리숱을 감추려고 노력하면 가발을 썼다고 놀려댄다.

이래서는 외모를 젊게 만들어 당당하게 거리를 걷자는 생각이 들 수가 없다. 이렇듯 고령자가 스스로 얌전하게 집에 틀어박혀서 지내며 점점 쇠약해지기를, 침대 신세를 지게 되어 빨리 죽기를, 그러는 편이 나라에 도움이 된다고 생각하는 것은 아닌가 의심하는 마음마저 들 정도다.

✦ ✦ ✦

2022년 개봉한 충격적인 영화 '플랜 75'가 있다. 여성 감독 하야카와 치에(早川千絵, 1978년생)가 만든 문제작으로, 직접 각본을 쓰고 연출했다.

근미래의 일본. 정부는 극심한 고령화 문제에 대한 해결책을 내놓는다. 바로 75세 이상 고령자가 안락사할 권리를 부여하는 '플랜 75' 정책이다. 고령화가 급속도로 진행되면서, 노인을 지원하는 데 드는 국가 재정 규모가 빠르게 늘어 고육지책으로 내놓은 대책이다. 플랜 75를 신청하면, 정부는 정해진 시스템에 따라 해당 노인을 안락사시킨다.

명품 배우 바이쇼 치에코(倍賞千惠子, 1941년생)가 연기한 78세의 '미치' 할머니는 호텔에서 청소 일을 하면서 생계를 유지한다. 비슷한 처지의 친구들과 어울리며 궁핍하더라도 보람된 나날을 보내고 있다. 그런데 어느 날 호텔은 해고를 통보하고, 미치 할머니는 더욱 주변부로 밀려나게 된다. TV 등 미디어에서는 '플랜 75'를 대대적으로 홍보하고, 보이지 않는 압박감에 시달리던 미치는 어떻게 해야 할지 고민한다.

　영화는 오로지 생산성만으로 모든 것이 평가되는 사회가 과연 옳은지 묻는다. 안락사를 인정하지 않을 뿐, 내심 고령자가 일찍 죽기를 바라는 작금의 일본 사회와 영화 속 일본 사회가 매우 유사하다는 생각에 서글펐다.

✦ ✦ ✦

　고령자가 오래 살수록 의료비와 돌봄비가 정부 재정의 상당 부분을 잠식하게 된다. 그러나 정부는 뾰족한 대책이 없는 상황이다. 비단 일본만의 문제가 아니다. 지금 전 세계 대다수 국가는 고령화라는 절체절명의 위기를 맞아, 저마다 대책을 고심 중이다.

　대체 어떻게 하는 것이 좋을까? 내가 생각하기에 유일한 해결책은 '노인을 젊어지게 만드는 것'이다. 젊고 활력 있고 건강한 노인이 늘면, 돌봄 예산도 그만큼 절감할 수 있다. 이들이 계속해서 노동할 수 있고 소비에 참여하면서, 사회적 활력도 커진다.

외모를 젊게 할 뿐 아니라 건강하고 활력 넘치는 몸을 되찾기 위한 식사 방법을 더욱 적극적으로 홍보하고 가르쳐야 한다. 성형하거나 가발을 써서 외모를 젊게 만들도록, 긍정적인 이미지를 심어주고 독려해야 한다.

젊어 보인다는 만족감은 의욕을 높이고, 적극적으로 외출하고 사회에 참여하며 머리와 몸을 쓰게 만든다. 그로 인해 치매에 걸리거나 빠른 속도로 인지 퇴화가 진행될 위험성이 낮아진다. 쇠약한 노인들을 양산하지 않으려면, '외모 나이를 젊게 하는 것'이 최우선이다.

침대 신세를 지게 전에 해결해야 할 것들

의료 발달과 영양 개선 덕택에 일본인은 세계에서도 최고 수준의 장수 국가가 되었다.

2021년 기준 일본의 평균 수명은 남성 81.47세, 여성 87.57세다. 일본 여성의 평균 수명은 세계 1위이고, 남자의 평균 수명도 세계 2위를 기록한다. 현재 일본 인구에서 65세 이상이 차지하는 비율은 인구 5명당 1명이며, 향후 10년 이내에 4명당 1명이 될 전망이다. 평균 수명이 증가하는 반면, 출생률은 낮아서 고령화가 가속하는 것이다. 평균 수명은 계속 높아지는 추세다.

아직 60이나 70대라면, 죽음이 먼 장래의 일로 여겨질지 모른다. 그런데 오래 살기만 하면 무조건 좋은 것일까?

✦ ✦ ✦

평균 수명 말고 건강 수명이라는 개념도 있다.

건강 수명이란 일상생활을 하는 데 있어서 건강상의 문제로 인해 제한받지 않고 생활할 수 있는 기간을 말한다. 즉 시설에 입소해야 하거나 간병인이나 가족의 도움 없이도 혼자 힘으로 의식주가 가능하고 걷고 활동하는 데 문제가 없는 시기다.

통상 일본인의 건강 수명은 남성 72.38세, 여성 75.38세로 꼽는다. 평균 수명과의 차이는 약 8~12년이다. 이걸 다른 말로 하면, 대다수 노인은 죽기 전 8~12년의 기간 동안 질병으로 골골대거나 침대 신세를 지게 된다는 의미다.

만약 온종일 침대에 누운 채로 몇 년이고 살아야 한다면, 살아 있어도 재미는 물론이고 삶의 의미를 찾기 어려울 것이다.

최근까지도 일본은 '장수'를 최고의 가치로 여겼다. 의료계 역시 1초라도 더 오래 살게 하는 것만이 자신들의 사명이라고 생각했다. 그런데 대략 5년 전부터 존엄사 등에 관한 진지한 논의가 시작되었다. 무의미한 연명 치료를 그만두자는 쪽으로 사고방식이 바뀌게 되기도 했다.

일단 온종일 침대 신세를 져야 하는 몸이 되면, 그때부터는 돌이킬 수가 없다. 외모를 젊게 만들고 싶어도 그럴 수 없고, 여행도 갈 수 없다. 가령 오래 살아서 의무감에서 벗어난 다음 홀홀 여행하면서 사는 게 삶의 목적이었다면, 정작 그 시점이 오면 그 목표는 실현 불가능해지는 것이다.

그런데도 지금의 노인들은 오래 살고 싶다는 이유로 맛도 없는 저염식을 억지로 먹고, 감염증이 유행하면 겁을 내고 집 밖에 일절 나가지 않는다. 그런 생활 습관은 오로지 쇠약한 노인만을 만들어낼 뿐이다.

병원에서 받은 수치나
검사 결과는 믿지 마라

✧

충격적인 이야기를 하나 더 해주겠다. 지금 의사가 처방해준 약을 열심히 먹고 있다고 해서 '오래 살 수 있다.'라는 보장은 없다. 오히려 약 때문에 쇠약해지는 노인들도 많다.

나는 28세부터 노년 의학에 종사했다. 그들이 어떻게 젊음을 잃고 늙으며, 약해지고 죽어가는지를 수없이 목격했다. 쇠약해져서 몇 년씩이고 침대 신세를 지다가 세상을 떠나는 고령자도 수없이 봤다.

그런데 그 와중에 뼈저리게 느낀 점이 하나 있다. 의료계가 맹신하는 검사 데이터 따위는 실은 별로 도움이 되지 않는다는 것이다. 혈압이나 혈당치 같은 검사 데이터가 전부 정상 수준을 벗어났는데도 건강하게 오래 사는 사람이 있는가 하면, 담배를 입에 달고 사는데도 장수한 고령자도 있다.

의사로서의 오랜 경험이 동물 실험밖에 하지 않는 의사들의 데이터보다 훨씬 유용하다. 그런데도 환자를 전혀 진찰하지 않고 동물 실험만 하던 의사가 대학교 의학부 교수가 되는 게 작금의 현실이다.

해외 데이터를 들고 와서, '혈압을 낮춰라!', '몸무게를 줄여라!' 확신에 차서 잔소리를 늘어놓는 의사들이 너무도 많다. 게다가 그런 생활 지도의 결과, 사망률이 얼마나 낮아졌는지 하는 데이터는 일절 검증되지 않고 있다.

✦ ✦ ✦

가령 혈압약의 효과를 검증하려면 어떻게 해야 할까?

약을 꾸준히 먹음으로써 혈압을 낮춘 실험군과 약을 일절 먹지 않고 혈압도 낮추지 않은 대조군의 5년 후, 10년 후 사망률 등을 추적·조사해서 비교해야 마땅하다. 해외에는 이런 실험 데이터가 꽤 있다.

그런데 일본에서는 극히 소규모의 실험만 이뤄질 뿐, 외국 같은 대규모 추적 조사가 거의 실시되지 않는다. 그리고 외국 데이터를 일본인에게 그대로 적용하는 것은 무리가 있다.

미국인과 일본인이나 동양인은 식생활도 체질도 다르다. 계속 반복해서 이야기하지만, 미국은 사망 원인 1위가 심근경색인 나라다. 반면 일본의 사망 원인 1위는 암(한국 역시 마찬가지)이다. 미국 데이터가 그대로 적용될 리 없는 것이다.

✦ ✦ ✦

50대에 이미 교수가 된 의사는 실제 나이보다 훨씬 늙어 보인다. 이 얘기를 앞에서 한 바 있다. 그들 스스로 자신의 노화를 막지 못하는 게 현실이다. 60인데 벌써 자기 나이보다 훌쩍 더 늙어 보이는 의사가 하는 말에는 별로 귀 기울이고 싶지 않다. 자신들이 신봉하는 약을 열심히 먹어서 그런 것인지 어떤지는 알 수 없지만, 나는 결코 그들 같은 외모가 되고 싶지 않다.

만약 그들이 실제 나이보다 젊고 멋져 보인다면, 하는 말에 귀를 기울이고 싶은 마음을 동할지 모른다. 하지만 현실은 그렇지 않다. 금과옥조처럼 해외 데이터를 신봉한 결과, 그리고 그들이 처방하는 대로 약을 먹고 건강 관리한 결과가 그 정도라면 신뢰할 수 없는 게 당연하다. 오히려 필드에서 환자를 관찰하며 임상 데이터를 쌓은 내 분석을 믿어주기를 바란다.

지금 하루에 약을 몇 개나
먹고 있는가?

    쇠약한 노인이 되어도 좋으니 하루라도 더 오래 살고 싶은 가? 아니면 다소 수명이 짧아져도 좋으니, 활기 넘치고 젊은 외모로 인생을 즐기고 싶은가?

    당신이 직접 결정할 문제다. 나라면 망설임 없이 후자를 택하겠다. 그런 삶을 선택하는 것만으로도 남은 인생의 질이 완전히 달라지기 때문이다.

✦ ✦ ✦

    애초에 죽기 직전이 되어서 연명 치료를 받을지 말지 스스 로 선택한들, 남은 시간은 거의 없다. 그런 것은 더 일찍 결 정해야 한다.

    60대가 되어서 정년퇴직하고 자녀들도 성장했다면, 더는 회사에 대해서도 자녀에 대해서도 책임을 질 필요가 없어진 다. 나는 이 시점이야말로 '죽을 때까지 어떻게 살 것인가?' 하는 문제에 대해 스스로 결정해야 하는 가장 좋은 타이밍이 라고 생각한다.

외모를 젊게 만들어서 이성에게 인기를 끄는 삶, 먹고 싶은 것을 마음껏 먹고 즐기는 삶, 가급적 약을 먹지 않고 스스로 건강을 유지하는 삶 등 선택지는 다양하다.

자기가 무엇을 원하는지 심사숙고하고, 그 길로 가기 위한 기본 원칙을 하나하나 세워둔다. 가령 덕지덕지 들어둔 보험을 계속 유지하며 목돈을 계속 납부할지, 아니면 그 돈을 잘 먹고 즐기는 데 사용할지도 정한다. 약을 먹는 편이 좋을지 말지 역시 자기 몸 상태와 의논해서 신중하게 결정해야 한다.

그런데 실제로 이제까지 먹던 약을 끊었더니, 몸 상태가 오히려 좋아졌다는 이야기를 종종 듣는다. 개인적으로는 의사가 처방해 준 약이라도, 꾸준히 먹었더니 도리어 몸 상태가 나빠졌다면 과감히 먹지 않는 편이 좋다고 생각한다.

거울을 보면 자기 몸 상태를 여실히 알 수 있다. 요컨대 외모다. 거울에 비친 자기 얼굴이 칙칙하다든가 늙어 보이는 것도 말하자면 일종의 몸 상태다. 객관적인 지표는 아니지만, 젊어 보이는지 늙어 보이는지는 눈으로 보기만 해도 알 수 있다. 의사의 진단이나 검사 데이터 따위는 필요없다는 말이다.

노인병과 질환을
싹 낫게 하는 만병통치약

　나이 들수록 건강을 유지하기 위해 가장 중요한 점은 '젊어 보이고 싶다.'라는 의욕을 버리지 않는 것이다.

　앞에서 이야기했듯, 의욕을 관장하는 뇌의 전두엽은 40대 무렵부터 꾸준히 조금씩 위축되어 간다. 그런데 의욕이야말로 외모뿐 아니라 노년의 삶에 가장 큰 영향을 끼치기에, 의욕을 잃지 않는 생활을 유지하는 것이 중요한 것이다.

　전두엽의 노화를 막아서 의욕이 저하되지 않게 하기 위해서라도, 외모를 좋게 만들려고 노력하는 것이 필요하다. 요컨대 뇌가 늙어서 의욕이 저하되는 것보다, 의욕이 떨어져서 뇌가 노화되는 효과가 더욱 크다는 것이다. 늙어 가는 뇌를 막을 유일한 방법은 의욕이라는 에너지를 계속 불어넣는 것뿐이다.

　연애하고 싶은 마음이나 열망을 억누르지 않는 것, 나아가 성(性)에 대한 관심을 버리지 않는 것도 매우 중요하다. 성호르몬 역시 뇌와 신체 노화를 막는 좋은 연료이기 때문이다.

✦ ✦ ✦

우리 사회에서 '성형 미인'이라든가 '가발남' 같은 혐오 표현은 반드시 없어져야 한다.

노력을 기울여서 자신을 예쁘게 하고 젊어지게 하는 것이 왜 손가락질의 대상이 되어야 하는지 이해할 수가 없다. 노인이 되어 멋진 옷을 사 입고 좋은 차를 타는 것 역시 비난의 대상이 되어선 안 된다. 오랫동안 일하고 고생한 데 대한 포상의 의미도 있다. 스스로에게 상을 주는 일을 창피하게 여겨서는 안 된다.

최근에는 외모로 차별하는 것을 루키즘(Lookism) 혹은 외모지상주의라고 부르며 비판한다. 그런데 나는 타인의 얼굴을 가리키며 성형했다고 손가락질하거나 가발 쓴 사람을 조롱하는 것이 훨씬 더 심한 루키즘이라고 생각한다.

✦ ✦ ✦

이런 사고방식이라면, 태어났을 때 모든 게 결정되어 버린다는 유전자 결정론자밖에 안 된다. 자기 노력으로 혹은 인위적인 방법으로 개선하는 것이 용납되지 않는다면, 선천적으로 갖고 태어난 것만 가지고 평생 승부를 보아야 한다는 말이 된다.

외모를 좋게 만들어 선천적인 콤플렉스를 해결하는 것이 허용되지 않는다면, 인간은 대체 무엇을 위해 살아야 한단 말인가? 그런 말을 하는 사람을 신경 쓸 필요가 없다. 다음과 같이 당당히 말하며 무시해 버리기를 바란다.

"그래, 당신들은 뒤에서 험담이나 하고 있어. 그렇게 늙어 보이는 동안, 나는 열심히 젊어질 테니!"

젊어 보이는 사람보다 멋진 사람으로

이제껏 '외모 나이를 젊게 만들자.'라고 주창했지만, 지금의 얼굴이 자신에게 어울린다면 억지로 젊어 보이려고 애쓸 필요가 없을 수도 있다.

중요한 것은 멋져 보이느냐 아니냐다. 젊어 보이는 게 더 멋진 사람이 다수파일 뿐이다. 자기만의 개성으로 예외를 만들 수도 있다. 젊었을 때부터 '노안' 소리를 듣는 사람도 있다. 직종에 따라서는 그게 더 잘 어울리는 예도 있다.

지금의 내 모습을 보면 믿어지지 않겠지만, 나는 40세 정도까지 주변에서 동안이라는 말을 많이 들었다. 31세부터 34세까지 미국에서 유학 생활을 했는데, 술을 사러 주류 판매점에 가거나 술을 마시러 술집에 가면 반드시 신분증을 보여 달라는 요청을 받았다. 서양 사람들이 동양인 나이를 가늠하기 힘들어서인지 혹은 내가 키가 너무 작아서 아이처럼 보였던 것인지는 모른다. 여하간 나는 동안이라 생각하며 즐겁게 살았다.

그런데 정신과 의사로서 너무 젊어 보이는 것은 도리어 도움이 안 되었다. 다른 과도 마찬가지일지 모른다. 자칫 수련의처럼 보일 수 있어, 환자들의 신뢰를 얻기 힘들어지기도 한다. 일본 병원에서 일할 때도 "학생이세요?" 하는 말을 종종 들었다.

40대에 들어선 이후로는 머리숱도 빠지고 해서 그런 말은 들은 적이 별로 없다. 이젠 오히려 나이보다 조금 연배가 있어 보인다는 느낌인 모양이다. 의사의 경우 실제 나이보다 조금 연륜이 있어 보이는 편이 환자들에게 베테랑 의사라는 인식을 심어줄 수 있어 유리하다. 나는 40 이후에는 또 그렇게 나름의 위안을 만들어 즐겁게 지내고 있다.

✦ ✦ ✦

동급생 중에 나보다 나이가 한 살이 많은 사람이 있다. 손놀림이 섬세해서 수술도 잘했던 까닭에, 현재는 대장암 분야에서 일본 최고의 의사가 되었다.

그는 학창 시절부터 상당한 노안이었다. 그래서 수련의 시절에는 노안을 활용한 아르바이트로 상당히 쏠쏠한 돈벌이를 했다. 당시 동안이었던 나는 그런 그가 상당히 부럽기까지 했다. '때로 늙어 보이는 게 이익이구나!' 하는 생각까지 했다.

젊게 보이는 것만 외모를 멋지게 만드는 유일한 방법인 것은 아니다. 중요한 것은 자신의 캐릭터와 잘 어울리느냐다. 일부러 약간 늙어 보이도록 꾸미거나 나이 들어 보이는 자신의 이미지를 적극 활용하는 것도 좋은 방법일 것이다.

60이 넘으면 상황과 현실에 따른 적절한 자기 연출이 필요하다. 자신이 어떻게 보여야 가장 멋져 보일지 생각하고, 그렇게 보이도록 잘 연출하는 편이 좋다는 말이다.

예를 들어 근엄한 모습을 연출해야 할 때는 의도적으로 조금 나이 들어 보이도록 꾸미고, 유쾌하고 젊어 보이는 모습이 필요할 때는 그렇게 꾸민다. 이렇게 고무줄처럼 자기 모습을 유연하게 만들 수 있다면, 노년의 일상이 더욱 다채로워질 것이다.

✦ ✦ ✦

자기 연출에는 캐릭터도 포함된다. 타인과 교류할 때는 시의적절하게 자기 캐릭터를 잘 만들어 대처한다. 고민 상담을 들어 주는 베테랑 같은 느낌의 캐릭터가 좋을지, 젊은이들과 함께 노는 젊은 캐릭터가 좋을지 시의적절하게 잘 파악하는 것이 중요하다.

자기 캐릭터와 맞지 않는 모습을 계속 연출하기란 상당히 힘든 일이다. 그러므로 자기가 어떤 캐릭터인지 한 번 신중하게 생각해 보는 것이 좋다. 사람은 평생 외모와 한 세트로 살아가게 마련이다. 겉으로 보이는 면이 그 사람을 말해 주며, 그것으로 인생을 연출하고 꾸며간다. 그러므로 연출이라고 해도 자기 캐릭터와 잘 맞아떨어지는 편이 더 효과가 좋다.

가령 베테랑 배우 후지 타츠야(藤竜也, 1941년생)의 캐릭터는 왠지 고즈넉한 바(bar) 카운터에서 혼자 술을 홀짝이는 모습이 잘 어울린다. 말이 많고 발랄하기보다는 과묵하고 진중한 캐릭터다. 그런 쪽이 자신을 돋보이게 하는 데 더 어울린다고 생각한다면, 그런 캐릭터를 연출하면 된다.

반면 선술집 같은 곳에서 사람들과 어울려 왁자지껄 떠들며 술을 마시는 캐릭터가 더 어울릴 수도 있다. 그렇다면 그런 캐릭터를 연출하면 된다.

'저 사람처럼 되고 싶다'는 열망 하나만 있어도

젊어서부터 왜인지 모르겠지만 남들보다 나이 들어 보였다면, 그런 이미지를 역이용하는 방법도 있다. 가령 중후한 캐릭터를 잘 활용하는 것이다.

프리랜서 아나운서 곤도 사토(近藤サト, 1968년생)는 50대 초반부터 과감히 은발 머리를 택해서, 줄곧 그 모습을 유지하고 있다.

여성 아나운서이기에 처음부터 염색을 포기하는 게 쉽지 않았다고 한다. 방송을 위해 열심히 염색했지만, 알레르기가 있어서 염색하고 나면 2~3일 동안은 가려움증과 습진으로 고생했다는 것이다. 궁여지책으로 택한 은발이지만, 지금은 오히려 그것이 자기만의 시그니처 스타일이 되었다.

머리카락을 염색하지 않으면 실제 나이보다 조금 나이 들어 보이는 것은 어쩔 수 없다. 하지만 그녀는 그레이 헤어를 자기만의 이미지 구축에 적극적으로 활용하고 있다. 요즘에는 일본 여성들 사이에서 염색하지 않고 과감하게 은발을 포인트로 삼는 이들이 늘고 있다고 한다.

대머리가 고민인 남성이 가발이나 모자로 억지로 숨기기보다, 아예 삭발해서 과감한 이미지를 연출하는 것도 같은 원리다. 스킨헤드가 잘 어울린다면, 그것대로 좋은 방법이다.

✦ ✦ ✦

연예계에는 젊어 보이는 것을 트레이드마크로 삼는 배우가 분명 훨씬 더 많다. 젊어 보이는 것 자체로 그들의 미학과 잘 어울리기도 한다. 최소한 '억지로 젊어 보이려 하다니 딱하네.'하는 모습으로는 보이지 않는다.

성형이나 가발 덕택에 젊어 보인다는 수군거림 따위는 신경 쓸 필요 없다. 설령 그렇다 하더라도 자신의 미학 기준에 따라서 살고 있는 것이므로, 타인이 이러쿵저러쿵할 이유가 없다.

자신만의 미학을 추구하기 위해 '내게는 이런 옷이 잘 어울리지 않을까?' 생각하며 여러 가지 도전을 해 보려 한다면, 최대한 일찍 시작하는 편이 좋다고 생각한다. 값비싼 옷에 돈을 쓸 여유는 없다는 사람도 있을지 모르지만, 자녀가 독립하고 대출 상환도 끝나고 퇴직금도 받아서 돈과 시간에 여유가 생겼다면 그 정도는 가능할 테니 고려해 보기 바란다.

젊었을 때는 유행에 따라 자신을 이리저리 바꿔 가는 것이 가능하지만, 60 이후부터는 어느 정도 자기 이미지를 확고하게 설정하는 편이 좋다. 멋지고 고급스럽고 우아한 이미지라면 더 좋을 것이다. 그런 이미지를 만들기 위해 자기에게 어울리는 브랜드와 컬러를 찾을 필요가 있다.

60의 이미지 변신은 언제나 무죄다

✧

실제보다 늙어 보이는 편이 더 멋지다고 생각하는 사람은 이른바 '노안 연기자'를 참고하면 좋다.

1930년대부터 오즈 야스지로 감독 영화에 등장하기 시작해, '동경 이야기', '꽁치의 맛' 등에 출연하며 그의 페르소나로 불린 배우 류 지슈(笠智衆, 1904년~1993년)가 있다. 명작 중 하나로 꼽히는 '동경 이야기(1953년 작)'에서 노부부 중 할아버지 역할로 출연했을 때, 그의 나이는 고작 49세였다. 아들 역으로 나온 배우가 겨우 5세 아래였고, 아내로 나온 배우는 15세나 연상이었다. 그러나 그의 노인 연기는 찰떡같이 어울렸다.

✦ ✦ ✦

신기하게도 예전 일본 배우 중에는 젊어서부터 노인 분장을 하고 아예 노인 역할을 주력으로 맡는 이들이 많았다.

그와 비교하면 요즘 배우들은 모두가 젊어 보이는 것을 목표로 삼아서인지는 몰라도, 노인 역할을 실감 나게 연기하는 배우가 드물다는 생각이 든다. 오히려 요즘 시대는 나이가 들어서도 젊은 역할을 맡는 경우가 더 많은 듯하다.

달리 말하면, 요즘 세상에는 언제 이미지 변신을 해도 이상할 게 없다는 의미이기도 하다. 75세에 보톡스 시술을 받아서 주름이 거의 없어졌다든가, 80세에 머리를 심어서 과감히 이미지 변신을 했다든가, 젊어질 수단은 얼마든지 있다. 요컨대 몇 살에 변신하든 절대로 늦지 않다.

주위에서 놀리든지 험담하든지, 자신이 만족하면 그만이다. 남의 의견에 신경 쓰기에는 살아갈 날이 얼마 남지 않았다. 마음대로 살아도 부족한 여생, 그런 것에 구애받으며 살 필요가 없다.

✦ ✦ ✦

외모라는 것은 그 사람의 정체성 중 하나다. 그러므로 자신에게 어떤 모습이 어울릴지 찾는 것은 중요한 일이다. 그 일은 삶의 마지막까지 멈출 이유가 없다.

탐구의 결과로 나온 결론이 자신에게 긍정적이라면 그것으로 충분하다. 젊어 보이고 싶은 사람이 다수파이기는 하겠지만, 역설적으로 모두가 젊어지기 위해 무리할 필요도 없는 것이다. 핵심은 자신이 원하는 대로 사는 것이기 때문이다.

사람은 살아가는 이상, 자기 외모에 자신감을 품을 수 있어야 한다.

그것을 위해 끊임없이 도전해야 사람다움, 품격, 관록 같은 것이 몸에 배어 간다. 이를 위해 얼굴을 조금 손대거나 가발을 쓰면 뭐 어떤가? 뭔가 나쁜 짓이라도 한 듯 수군거리는 사람들이 있지만, 쓸데없는 참견일 뿐이다. 이것이야말로 '외모의 장벽'일 뿐이다. 불합리한 장벽 따위는 빨리 뛰어넘어버리도록 하자.

가장 중요한 것은 거울을 봤을 때 자기 얼굴에 만족할 수 있느냐다. 망설이며 장벽을 뛰어넘지 못하고 있다면 과감히 도전해 보기 바란다.

맘껏 시도해도 괜찮다, 당신은 언제나 옳다

르포 작가, 방송 작가, 편집자 등으로 활약하다가 소설《청춘의 문》, 수필집《타력》 등을 쓴 작가 이츠키 히로유키(五木寬之, 1932년생)와 대담을 나눌 기회가 있었다.

당시 90세였는데, 10년 이상 젊어 보여 놀랐던 기억이 있다. 숱한 작품을 왕성하게 쓰고 있으므로, 여전히 뇌가 활발하게 회전하고 있는 게 분명하다. 그때 나는 뇌를 열심히 사용하는 것이야말로 젊음의 비결임을 새삼 다시 절감했다.

✦ ✦ ✦

그는 내 기준으로 보아도 매우 건강한 노인이다.

그 자신도 '건강 마니아'를 자처하며, 온갖 건강법을 열심히 시도한다. 작년에는 '걷기'를 실천했다면 올해에는 '호흡'을 수행하는 식으로 매년 하나의 주제를 정하고 그와 관련된 건강법을 시도한다고 한다.

한때는 '삼키는 힘'을 키우기 위해, 자기가 고안한 트레이닝을 지속한 적도 있다. '씹는 힘(저작 능력)'이라면 몰라도 '삼키는 힘(연하 능력)'이라니 의아하다는 생각이 들 것이다. 그런데 그의 선택은 탁월하다 할 수 있다.

나이가 들면 턱관절만이 아니라 윗니와 아랫니의 교합과 얼굴과 입 모양을 바로잡아 주는 구순폐쇄력이 약해진다. 입술, 혀, 치아가 협동해서 움직임으로써 음식을 씹고 삼킬 수 있는데, 나이가 들수록 이들을 둘러싼 근육도 퇴화한다. 그 결과 입을 똑바로 다물고 있는 것, 음식을 잘 씹는 것, 음식이나 침을 잘 삼키는 것 등의 동작이 힘들어진다. 그래서 얼굴이 비뚤어지기도 하고 음식을 잘 흘리거나 사레에 잘 걸린다.

삼키는 힘이 퇴화하면, 음식을 삼키지 못하거나 오연성 폐렴을 일으키기도 한다. 오연성 폐렴이란 음식물이 기도나 폐로 잘못 들어가서 폐에 염증이 생기는 증상이다.

폐렴은 일본인의 사망 원인 중 3위를 차지할 만큼, 노인 질환 중 위험 인자로 꼽힌다. 그런데 요즘은 일반 폐렴과 오연성 폐렴을 구분해 치료할 정도로, 오연성 폐렴이 증가세에 있기도 하다.

90세 정도가 되면 연하 능력이 떨어지는 사람이 당연히 많을 수밖에 없다. 그런 영역을 단련한다는 그의 얘기를 듣고 나는 무릎을 치며 감탄했다.

✦ ✦ ✦

그가 일반적인 건강 마니아와 다른 점이 하나 있다.

누군가 제시하는 어느 하나의 건강법을 옳다고 맹신하고 그것의 광신도가 되지 않는다는 것이다. 스스로 직접 하나하나 시험해 보고 결론을 낸다는 점이 탁월하다. 그러기에 건강에 관한 그의 주장이 설득력이 있는 것이다.

스스로 직접 시험해 보는 자세는 모두가 배워야 한다. 지금은 온갖 정보를 간단히 손에 넣을 수 있는 시대다. 그러기에 더욱더 자신에게 잘 맞는 지식을 선별하는 게 중요하다.

인터넷에서 검색한 정보에는 '그럴듯한 거짓'이 많이 섞여 있다. 설령 올바른 정보라 해도, 자신에게 정말로 도움이 될지는 직접 시험해 보지 않으면 알 수 없다. 그러나 많은 사람이 실패가 두려운 나머지 실험하지 않는다.

애초에 실패하기에 실험이다. 정답이 정해진 실험은 없다. 어느 정도 실패를 거듭하며 진실로 다가가는 것이 제대로 된 실험이다. 그리고 실험은 뇌의 전두엽을 젊게 만든다.

뇌는 예상 밖의 사태가 일어났을 때 더 활발히 활동한다. 실험 정신을 잃지 않는 삶이야말로 전두엽을 자극해 치매를 방지한다.

예를 들어 한 번도 가 본 적 없는 식당에 가는 것도 실험이다. 가 보지 않던 길로 가는 것도 실험이며, 혼자서 해 본 적 없던 일에 도전하는 것도 실험이다.

나이를 먹으면 늘 가던 가게만 가는 사람이 많다. 영화나 드라마도 봤던 것이나 좋아하는 장르만 보게 되고, 친숙한 일만 하려고 하는 경향이 강해진다. 실패하고 싶지 않기 때문이다.

분명히 처음 간 가게의 음식이 맛이 없다면, 손해 본 기분이 들 것이다. 그러나 고작해야 한 끼다. 실패했다고 해서 큰

일이 나는 것도 아니다. 실패했다는 생각이 들었다면 두 번다시 그 가게에 안 가면 그만이다. 실패하면서도 계속해서 새로운 맛집을 찾아내는 실험을 계속하는 인생이 훨씬 더 즐겁지 아니한가?

몸의 메시지에
귀를 기울여라

이츠키 작가는 내게 이런 말을 했다. "몸의 목소리에 귀를 기울입니다." 참 대단한 통찰이다.

그는 젊어서 극심한 편두통에 시달렸다고 한다. 어떻게든 대처해 보려고 전문 의학 서적 등을 읽어 보고 좋다는 걸 다 시도해 봤지만, 소용이 없었다고 한다.

그는 조용히 자기 몸을 관찰하기 시작했다. 어떤 상황에서 편두통이 일어나며 뭐가 변했을 때 좋아지는지 면밀히 들여다봤다. 그랬더니 뜻밖의 결론을 얻게 되었다.

바로 자신의 편두통이 '기압'과 밀접한 관련이 있다는 사실이었다. 통상 저기압이 되면 편두통이 생긴다고들 상식적으로 말한다. 그런데 그는 같은 저기압 상황이 아니라 특별한 저기압 상황에 자기한테 그런 증상이 생기는 걸 알아차렸다.

고기압이 계속되다가 갑자기 기압이 크게 떨어지는 전환점에 심한 편두통이 생긴다는 사실이다.

그 뒤로 그는 일기도를 보고 기압 변화에 대처하게 되었다. 몸의 목소리에 귀를 기울였더니, 다른 것도 많이 보였다. 편두통이 오려고 할 때 나타나는 조짐에 대해서도 깨달았다. 눈꺼풀이 처지며 힘이 없어지고, 침이 끈적끈적해지는 것이 조짐이었다. 그는 이런 증상이 나타날 때, 즉시 대처할 수 있게 되었다.

편두통을 없앤 것은 아니지만, 그 상황을 준비하고 대응할 수 있게 된 것이다.

스케줄을 조정한다든지 무리하지 않고 충분히 쉰다든지 하는 방식으로 말이다. 그 일을 계기로 '내 몸의 목소리에 귀를 기울이고 그 목소리를 따르는 것'을 삶의 지표로 삼게 되었다고 한다.

✦ ✦ ✦

앞서 소개한 내 은사이자 뇌 과학자이며 베스트셀러《바보의 벽》의 저자인 요로 다케시 교수 역시 똑같은 말을 했다. 그는 2020년 심근경색으로 사경을 헤맸지만, 극복하고 생환한 바 있다.

의사를 싫어해서 평소 병원을 가지 않는 요로 교수도 그때만큼은 병원에 갔다. 이유는 몸의 목소리가 들렸기 때문이었다. 그의 말이다.

"재택 생활이 계속되어서 처음엔 '코로나 우울증'인가 생각했습니다. 그런데 '몸의 목소리'가 자꾸만 병원에 가 보라고 권하더군요. '몸의 목소리'란 내 몸이 보내는 메시지입니다. 몸의 목소리를 듣는 능력은 특별한 사람만 갖는 게 아닙니다. 누구에게나 그 목소리는 들립니다. 우리 자신의 몸이 내는 소리이기 때문입니다. 다만 어떤 이는 늘 그 소리에 귀를 닫고 지내고, 다른 이는 열심히 귀 기울입니다. 그 차이일 뿐입니다. 가령 낮에 뭔가를 먹었는데 밤이나 다음 날 아침 '왠지 몸이 좀 이상한데…'하는 느낌이 듭니다. 내 몸이 평소와 무언가 다른 상황임을 알려주는 소리인 것입니다. 집사람도 빨리 병원에 가 보라고 재촉했습니다. 오랫동안 건강 진단 따위도 일절 받아 본 적 없기도 해서, 어쩔 수 없이 병원에 가서 검사를 받아 보자고 결심했습니다."

✦ ✦ ✦

나도 크게 동의한다. 나 역시 병이나 몸 상태에 관해서는 '몸의 목소리를 듣는 것'이 가장 중요하다고 생각한다.

나는 당뇨병과 고혈압 등의 지병을 앓고 있지만, 앞에서도 말했듯이 평범한 의사가 하는 말은 듣지 않는다. 현재 내 혈당치는 $300mg/dl$ 이고, 최고 혈압은 $170mmHg$ 정도다. 일반적인 기준치는 혈당치가 공복 시 100 미만에 최고 혈압이 140 미만이므로, 평범한 의사들이 볼 때는 터무니없는 수치일 것이다.

그러나 고령자 의료에 종사했던 내 경험에 따르면 고령자의 혈당치를 100 이하로 조절하려 하면, 오히려 저혈당이 되는 시간대가 발생할 위험성이 생긴다.

나는 자동차를 운전하기 때문에, 혈당치가 크게 하락해 의식을 잃기라도 했다가는 중대한 사고로 이어질 수 있다. 그래서 매일 혈당치를 측정하고 300을 넘겼을 때만 수치를 낮추는 약을 먹고 있다.

나이 들수록
거울 앞에 자주 서라

나는 '몸의 목소리'에 귀를 기울이며 내 몸으로 '실험'을 한 결과, 끌어낸 나만의 '수치'를 갖고 있다. 비단 나 같은 의사가 아니라도, 누구나 이렇듯 자기만의 수치를 만들어낼 수 있다고 생각한다.

애초에 인간의 몸은 모두 똑같지 않다. 한 사람 한 사람 개성이 있고 생활 습관도 다르다. 그것을 똑같은 기준에 따라 일률적으로 조정하면, 오히려 당연히 문제가 발생한다.

당신은 의사 말을 맹신해서 약을 잔뜩 먹으면서 오히려 몸 상태가 나빠지거나, 최악의 경우 큰 사고로 이어질 수도 있는 생활을 선택하고 싶은가?

✦ ✦ ✦

나는 내 방식으로 활기차게 살고 있고, 즐겁게 멋을 내고 열심히 일도 하고 있다. 그 결과 몇 년 후에 죽게 되더라도, 지금처럼 좋은 몸 상태로 살다 죽는 편이 낫다고 생각한다.

여담이지만, 나는 고령자의 운전사고 중 대부분이 약으로 인한 의식장애로 인한 것은 아닐지 의심한다.

나이를 먹으면 동맥경화가 일어나고 혈관 벽이 두꺼워진다. 장기간에 걸쳐 고령자 의료에 종사해 온 내가 숱한 고령자를 진찰해 보고 알게 된 사실 중 하나는 '동맥경화가 없는 고령자는 단 한 명도 없다.'라는 것이다.

그렇다고 해서 모든 고령자가 동맥경화로 인한 심근경색에 걸리는 것은 아니다. 다만 혈관의 벽이 두꺼워지면 저혈당이나 저혈압을 일으켰을 때 의식장애가 발생하기 쉽다.

고령자에게서 운전면허를 몰수하는 근거 중 하나로 고령자의 중대 사고가 있는데, 약을 먹어서 과도하게 수치를 낮춘 것이 원인일 가능성도 부정할 수 없다. 나라면 변호사를 고용하고 인과관계를 증명해서, 약을 처방한 의사에게 손해배상을 청구할 것이다. 이 또한 내가 고령자의 면허 반납에 반대하는 이유 중 하나다.

✦ ✦ ✦

내가 하고 싶은 말의 핵심은 이것이다.

나에 대해서 잘 알지도 못하고, 고작 기계로 검사한 수치나 몇 분 간의 대화만으로 의사가 제시하는 치료법에 무작정

수긍하는 것이 과연 옳을까? 그런 의사가 협박하듯 강요하는 목표 수치를 달성하는 것보다 자기 '몸의 목소리'에 귀를 기울이는 것이 더 중요하다.

몸의 목소리를 제대로 듣기 위해서라도, 거울에 비친 자기 얼굴과 몸을 열심히 들여다볼 필요가 있다. 나이 들수록 더욱 그렇다.

예전에는 "안색이 나쁘다."라는 말이 자주 썼다. 몸 상태가 나빠지면 얼굴에 드러나기 때문이다. 그런데 수치만 중시하는 의료가 일반인들에게도 침투한 탓인지, 최근에는 이런 말을 잘 쓰지 않는 듯하다.

사람의 몸에는 개성이 있으며 생활 습관도 다르다. 먹고 싶은 음식을 먹고 가급적 약은 먹지 않는 생활을 했을 때, 훨씬 몸 상태가 더 좋은 사람도 있다. 그렇다면 그 길을 선택하는 게 그 사람의 자유다.

몸의 목소리, 즉 몸이 보내는 메시지 중 중요한 것이 바로 외모다. 거울을 보는 것은 몸의 목소리에 귀를 기울이는 방법의 하나다. 자기 몸을 객관적으로 보는 것은 패션뿐만 아니라 건강에도 중요한 일이다.

60, 뭐든지
도전할 수 있는 나이

인간의 삶은 선택의 연속이다.

나이를 먹으면 "그때 다른 쪽을 선택했더라면….."하고 후회하는 일이 잦아진다. 그런 생각을 한다는 것 자체로 과거 속에 매몰되어 살고 있다는 증거다. 그런 사람은 앞을 보고 달려가는 일을 게을리하게 되며, 그 결과 외모도 뇌도 순식간에 늙어 버리고 만다.

늙고 싶지 않다면 '지금부터 뭘 하고 싶은가?'에 늘 관심을 기울이면서 살아야 한다. 자신이 움직이지 않는 한, 우리는 계속 늙어 갈 뿐이다. 설령 이 위대한 진실을 70에 깨달았더라도 늦지 않다. 80까지는 아직 10년이나 남아 있다.

10년이면 우리는 얼마든지 이런저런 '실험'을 할 수 있다. 입고 싶은 옷을 입어 보고, 좋은 액세서리나 시계를 사 보고, 자동차를 좋아한다면 좋은 자동차를 타 본다. 그렇게 자신이 좋아하는 바를 추구하는 것이다.

✦ ✦ ✦

이때 쓸데없는 자기 검열을 해서는 안 된다. 나이를 먹게 되면 '나이의 속박'이라고 할까, 쓸모없는 자기 검열이 점점 더 강해진다.

'지금 내 나이가 일흔인데…' 같은 말을 입버릇처럼 하는 사람이 있다. 하지만 나이가 무슨 상관이랴! 70에 스포츠카를 타고 싶어졌다고 가정하자. 스포츠카를 살 돈도 있고 운전에도 자신이 있다. 그런데도 여전히 나이를 구실로 삼으며 포기하는 사람이 있다.

상황이 허락하는데 나이 때문에 포기한다? 참으로 아까운 노릇 아닌가. 어차피 죽으면 다 소용이 없다. 그러니 지금이야말로 평생 우리를 얽매던 족쇄를 과감히 풀어 던질 기회다. 창피한 일이 생겨도 잠깐만 참으면 영원히 안녕이다.

✦ ✦ ✦

물론 나이가 들어 그런 것에 별로 흥미가 없어졌을 수도 있다.

젊어서는 밖으로 나돌아다니는 게 좋던 사람이 별안간 집에서 화초 가꾸는 일이 더 좋아지기도 한다. 친구들과 만나 북적대는 것보다 혼자 유유자적 보내는 게 훨씬 더 즐겁다.

그렇다면 그것도 좋은 일이다. 그 또한 그 사람의 삶이고 선택이다. 요는 그런 라이프스타일 안에서도 멋과 외모, 자기만의 방식을 놓치지 않는 것이다. 혼자 놀면서도 최대한 그럴듯하고 자랑할 수 있을 만큼 훌륭하게 놀면 된다.

이제는 사회도
바뀌어야 한다

✧

일본은 고령자에게서 운전면허를 몰수하면서 뒤에서 낄낄대고 좋아하는 나라다. 70을 넘겨서 운전을 계속하면 자녀들부터 나서서 운전면허를 반납하라고 압박한다. 여론도 "고령자의 운전은 위험하니 빨리 반납하시오!"하는 고압적인 분위기를 조성한다.

백 보 양보해, 고령자로부터 운전면허를 몰수할 수 있다. 다만 필요한 대중교통수단을 확보해 준 뒤에 해야 한다. 대중교통만으로 어디든 갈 수 있는 지역은 대도시권으로 한정되어 있다. 철도나 버스 노선이 미비한 지역이 많으며, 설령 대중교통이 있어도 배차 간격이 넓어서 이용하기가 어렵다.

철도역이나 버스 터미널까지 이어지는 연계 교통수단 역시 열악한 곳이 많다.

그런 곳일수록 고령자가 많이 산다. 그런데 어느 날 차가 없어진다면, 어떻게 살란 말인가? 그런 곳에서 면허를 몰수당하면, 슈퍼마켓에 장을 보러 갈 수도 없고 병원에도 가지 못한다. 나이가 들면 이동의 불편함이 커지고 짐을 드는 일도 더 힘들어진다. 그런데 오히려 그런 고령자에게 차를 뺏는다니 어불성설이다. 그들에게 면허 반납은 문자 그대로 '사활이 걸린 문제'인 것이다.

✦ ✦ ✦

고령자가 교통사고를 일으키면, 미디어는 경기를 부린다. "고령자 운전이 이래서 위험하니, 하루빨리 운전면허를 반납하게 해야 한다."하고 히스테리를 부린다. 나이 지긋한 평론가가 옆에서 '지방 소도시나 시골 노인들의 이동권' 문제를 언급하면서도 여전히 사고 방지를 위해선 대책이 필요하다는 식의 무책임한 발언을 늘어놓는다.

애초에 노인만 교통사고를 일으키나? 가장 사고를 많이 내는 이들은 젊은이들이다. 경찰청 데이터를 보아도, 고령자의 사고 빈도가 특별히 높은 게 아니다. 그런데도 미디어는 연일 근거 없는 주장을 늘어놓고 있다. "고령자는 인지 능력이 떨어져서 사고를 일으키기 쉽다."라는 것이다.

그도 그럴 것이, 방송국이나 신문사 엘리트들은 도시에서 성장한 청장년이다. 그러니 지방의 현실을 알 리 없다. 시골에서 산 적 없는 샌님들은 운전면허를 몰수하는 게 얼마나 비정한 짓인지 실감하지 못한다. 자기들도 곧 늙을 텐데 그런 미래는 상상도 못 한다.

✦ ✦ ✦

운전면허를 반납한 고령자들은 어떻게 될까? 쓰쿠바대학교 연구팀에 따르면, 자동차 운전을 그만둬서 자유롭게 이동할 수단을 잃어버린 고령자는 '6년 후 돌봄이 필요한 상태가 될 위험성이 2.2배 상승한다.'라고 한다. 그러니 정부가 나서서 고령자의 면허 반납 운동은 하는 것은 고령자를 쇠약하게 만드는 캠페인을 자진해서 벌이는 것과 다름없다.

또 다른 어이없는 정부 정책도 있었다. 바로 코로나 팬데믹 기간 고령자의 '외출 자제' 권고다. 그 결과 프레일(frail) 상태에 이른 고령자가 급증했다. 프레일이란 '허약' 혹은 '노쇠'라는 의미로, 건강한 상태와 돌봄이 필요한 상태의 중간을 가리키는 개념이다.

즉 활동량이 줄어드는 바람에 근력과 체력이 약해지거나, 사회적으로 고립되어 우울증에 걸리거나, 머리를 쓰지 않아서 인지 기능이 저하된 상태를 뜻한다. 그대로 내버려두면 침대 신세를 지게 되거나, 인지 기능이 저하되어 돌봄이 필요한 상태로 넘어가게 되는 상황이다.

이들 다수는 본래 돌봄이 필요 없었을 이들이다. 바이러스가 창궐한다고 해서 꼭 집에만 틀어박혀 있을 필요도 없다. 산책 정도는 얼마든지 가능하다. 전과 똑같이 하체를 사용했다면 지금도 걸을 수 있었을 텐데, 외출 자제 요청을 순순히 받아들인 결과 밖으로 나가 걷지 않게 되어 결국 제대로 걷지 못하게 된 것이다.

도대체 이 나라 정부나 정치인, 공무원, 언론 모두 머리가 어떻게 된 것인지 의심스럽다. 의사들도 마찬가지다. 고령자 의료에 종사하는 의사들이 만든 노년의학회는 진작에, 고령자일수록 가급적 밖으로 나가서 걸으라고 권장했다. 하지만 코로나가 시작되자 그런 소리가 쑥 들어갔다.

애초에 의사들은 대부분 고령자를 제대로 진찰하지 않는

다. 노인들은 단백질이 부족해 프레일 대책으로 더 많은 단백질을 섭취해야 하는데, 그 사실을 아는 의사가 턱없이 부족하다. 그래서 노인들 다수가 겉으로 보기에도 기운이 없는 것이다.

또한 고령이 되면 혈압이 상승하게 되는데, 대다수 의사가 고혈압을 예방해야 한다며 소금의 섭취를 줄이도록 권한다. 나는 젊은 사람도 소금 섭취를 줄일 필요가 없다고 생각하지만, 특히 고령자는 절대 그래선 안 된다. 고령자는 소금 섭취를 줄이면 위험하기까지 하기 때문이다.

소금 섭취를 줄였을 때 가장 위험한 것은 저나트륨혈증이다. 40~50대 무렵까지는 신장이 나트륨이나 소듐을 조절하는 능력이 있기에, 극단적으로 소금을 적게 섭취하는 게 아닌 이상 저나트륨혈증을 일으키지는 않는다. 그런데 신장의 나트륨 조절 능력은 나이를 먹을수록 저하된다. 그래서 고령자는 저나트륨혈증에 걸리기 쉬운 것이다.

저나트륨혈증에 걸리면 두통과 구토, 식욕부진, 정신 증상 등의 증상이 나타나며, 나트륨 수치가 현저히 저하되면 혼수상태 또는 경련 등을 일으키므로 매우 위험하다. 그런데 이것을 문제로 여기는 의사는 거의 없다. 작금의 의료가

40~50대 정도까지의 몸만을 고려 대상으로 삼기 때문이다.

노년의 존엄과 권리를
지키기 위해서

오늘날 우리 사회는 온갖 수단을 동원해 고령자를 쇠약해지게 만들고 있다. 게다가 그 결과 의료와 돌봄 비용이 증가하고 있음에도, 마치 책임이 모두 고령자에게 있다는 듯 뻔뻔한 주장을 펼치고 있다.

일본은 저출산 고령화가 심각한 상황이다. 후생노동성 발표에 따르면 2020년 돌봄 필요(지원 필요 포함) 노인은 약 682만 명이다. 2022년에는 일본 전체 인구에서 고령자가 차지하는 비율이 29.1퍼센트로 세계 200개 국가 중 최고 수치를 기록했다.

일본은 소비세 비율을 단계적으로 인상해 오다 2019년 10퍼센트에 이르게 되었으며, 2030년까지 15퍼센트까지 높인다는 계획이다(한국의 경우 1977년부터 줄곧 10퍼센트). 비율을 높일 때마다 정부의 핑계는 '고령화'였다.

또한 한편으로 젊은이들의 급여명세서를 보면, 급여에서 20퍼센트 정도가 사회보험료로 빠져나가는 게 현실이다. 젊은이들로서는 왜 자기 월급이 고령자를 위해서 이렇게나 많이 쓰여야 하느냐는 불만이 생길 수밖에 없을 것이다. 그러나 이것은 정부와 언론의 '세대 갈라치기'로 인한 오해인 경우가 많다.

＊ ＊ ＊

일본의 국채 등 빚 총액은 약 1,000조 엔에 이른다. 정부는 이 역시 의료비 증가 등 고령화 탓이라고 말한다. 하지만 이것은 새빨간 거짓말일 뿐이다.

빚이 급격히 불어난 것은 1990년대 버블경제가 꺼진 뒤, 경기 회복 명목으로 거의 의미가 없는 공공사업을 지속한 결과다. 고령화가 절대 주된 원인이 아니다. 그런데도 정부는 계속해서 급증한 부채의 원인으로 고령화를 지목함으로써, 책임을 회피하고 있다. 무책임한 거짓말에 애꿎은 노인들이 원성을 듣고 있는 셈이다.

거짓말쟁이가 넘쳐나는 이 나라에서 고령자는 가장 공격하기 만만한 대상이다.

게다가 고령자들은 그런 공격을 받아도 여간해서 불평하지 않는다는 계산도 있을 것이다. 노인들은 순응적이며 얌전하고 다소곳하기 때문이다.

그런데 이렇듯 하고 싶은 말을 억누르고 참기만 하면, 어느덧 몸도 마음도 엉망이 되어 버리고 만다. 외모, 몸의 건강, 마음의 건강도 점점 망가져 갈 뿐이다. 자기 몸은 자기가 지켜야 한다. 우리의 권리는 우리가 지켜야 한다. 아무도 우리를 보호해 주지 않는다. 이대로라면 세대 갈등이 극대화되고 노인 혐오가 늘어날 것이 불을 보듯 뻔하다.

운전면허를 반납하면 6년 후에는 돌봄이 필요한 사람이 2배 이상 늘어나게 된다. 외출을 삼가고 정부가 시키는 대로 고분고분 얌전하게 살다가는 프레일 상태로 전락해 남의 돌봄이 필요해지게 될 것이다. 무력하고 의욕 없는 삶이 될 것은 불을 보듯 뻔하다. 정말 그래도 괜찮은가?

'자동차 운전을 계속하면 주위 사람들에게 피해를 주지 않을까?', '집 밖으로 나가지 말라는데 외출을 하면 민폐가 아닐까?', '열심히 살아왔지만, 여전히 힘겹게 살아갈 후대를 위해 희생해야 하는 건 아닐까?'… 이런 생각에서 시키는 대로만 하면, 고스란히 어떤 피해가 돌아올지 곰곰이 생각해 보라.

욕망이 시들지 않는
삶을 살아라

✦

노인 하면 어떤 이미지가 떠오르나?

자애로운 미소를 띠고 뭐든 양보하는 사람? 옛날 시조를 읊조리고 수묵화나 서예를 즐기는 사람? 역사나 고전 음악에 해박하고 어려운 이론을 잘 설명하는 사람?

물론 그런 노인이 우리 사회에서 여전히 품위 있고 노인답다는 말을 듣는다. 그런 것을 좋아해서 스스로 추구한다면 문제 될 것은 전혀 없다.

영어에는 성에 관한 재미있는 표현이 많다. 가령 프로미스큐어스(promiscuous)라는 단어가 있다. 상대가 누구라도 좋으니 성관계를 갖고 싶어 한다는 의미다. 또 인새티어블(insatiable)이라는 말도 있다. 끝을 모르는 욕망이라고 할까? 아무리 충족해도 채워지지 않은 욕망이 존재한다는 의미다.

많지는 않겠지만, 70을 넘어서도 성욕이 아직 감퇴하지 않았다면 다른 사람 따위 신경 쓰지 말고 성욕을 추구해도 된다고 생각한다.

일본의 돈 후안이라 불린 사업가 노자키 고스케(野崎幸助,

1941년~2018년)는 아름다운 여성과 성관계를 맺는 것을 인생의 목표로 삼았다. 그의 죽음을 둘러싸고 이런저런 말이 많지만, 나는 그가 자신의 야망에 솔직하게 산 사람이라고 생각한다.

결혼하지 않고 수많은 여성과 사귀는 데 돈과 인생을 바쳤던 그는 마지막에는 아이러니하게도 결혼을 선택했다. 이유는 알 수 없지만, 어쩌면 문득 외로움을 느꼈는지도 모른다. 굳이 결혼하지 않아도 교제할 여성은 많았을 텐데, 왜 그랬을까 의문이 든다. 비극적인 죽음을 맞이하고 말았지만, 본인은 누구에게도 피해준 바가 없다. 그러니 당당하게 자신의 욕망을 따르며 살았다고 말할 수 있을 것이다.

일본 자연주의 문학의 대표 작가로 꼽히는 나가이 카후(永井荷風, 1879년~1959년)는 수많은 소설과 수필을 썼고 프랑스 문학 번역도 많이 했다. 죽기 전까지 창작의 혼을 불살랐던 그의 원동력은 화류계와의 교류였다고 한다. 그는 향년 80세에 세상을 떠나기 직전까지도 유곽에 드나들었다.

앞에서 소개한 승려이자 소설가인 세토우치 자쿠초 역시 비록 출가했지만, 별세하기 전까지 결코 아름다움을 잃지 않았다. 젊어서는 포르노라고 비난받은 에로틱한 소설을 써 세간의 화제를 모았으며, 세상을 떠들썩하게 만든 불륜을 범하기도 했다. 뒤늦게 천태종 비구니가 된 그녀는 금욕적 생활 대신 남자 친구도 사귀고 화장도 하고 술과 고기를 잔뜩 먹었다고 솔직히 털어놓기도 했다. 그녀가 99세까지 누구보다 활력 넘치고 열정적으로 살 수 있었던 것 역시 여성으로서의 에로스를 잃지 않은 덕분일지 모른다.

남성이건 여성이건, 에로스를 꾸준히 유지하는 편이 오래 살 수 있고 겉모습도 젊게 유지할 수 있다. 욕구가 시들지 않았다면, 원 없이 추구한들 누구도 비난할 수 없다. 자기 욕망에 솔직하게 살기 바란다. 남은 시간이 별로 없다.

옮긴이 김정환

건국대학교 토목공학과를 졸업하고 일본외국어전문학교 일한통번역과를 수료했다. 21세기가 시작되던 해에 우연히 서점에서 발견한 책 한 권에 흥미를 느끼고 번역의 세계를 발을 들여, 현재 번역 에이전시 엔터스코리아 출판기획 및 일본어 전문 번역가로 활동하고 있다. 경력이 쌓일수록 번역의 오묘함과 어려움을 느끼면서 항상 다음 책에서는 더 나은 번역, 자신에게 부끄럽지 않은 번역을 할 수 있도록 노력 중이다. 공대 출신의 번역가로서 공대의 특징인 논리성을 살리면서 번역에 필요한 문과의 감성을 접목하는 것이 목표다. 역서로는 《마흔 버려야 할 것과 붙잡아야 할 것들》, 《의료 부정 서적에 살해당하지 않기 위한 48가지 진실》, 《의사의 90%는 암을 오해하고 있다》 등이 있다.

60에 40대로 보이는 사람 80대로 보이는 사람

초판 1쇄 발행 2024년 12월 16일

지은이 와다 히데키
옮긴이 김정환
펴낸이 정덕식, 김재현
펴낸곳 (주)센시오

출판등록 2009년 10월 14일 제300-2009-126호
주소 서울특별시 마포구 성암로 189, 1707-1호
전화 02-734-0981
팩스 02-333-0081
메일 sensio@sensiobook.com

책임 편집 이은정
디자인 Design IF
경영지원 임효순

ISBN 979-11-6657-179-4 (03190)

소중한 원고를 기다립니다. sensio@sensiobook.com